예수님 마음담기

Living From the Heart Jesus Gave You

E. James Wilders, James G. Friesen,
Anne M. Bierling, Rick Koepcke, Maribeth Poole

Copyright © 1999, 2000, 2004, 2010, 2013 Shepherd's House, Inc.
Published by Shepherd's House, Inc.
P.O. Box 2376 East Peoria, IL. 61611 U.S.A.
All rights reserved

Korean translation copyright © 2015 by Togijangi Publishing House
2F, 71-1 Donggyo-ro. Mapogu, Seoul 04018, Korea

This Korean edition is published by arrangement with Shepherd's House, Inc.
(P.O. Box 2376 East Peoria, IL. 61611 USA)

본 저작물의 한국어판 저작권은 Shepherd's House, Inc.와의 독점계약으로
한국어 판권을 '도서출판 토기장이'가 소유합니다.
저작권법에 의하여 한국 내에서 보호를 받는 저작물이므로 무단 복제를 금합니다.

특별한 표기가 없는 모든 성경 구절은 개역개정성경을 인용한 것입니다.

예수님 마음담기

짐 와일더 외 지음 | 손정훈 · 안윤경 옮김

토기장이

서문 prologue

누가 이 책을 읽어야 하는가?

이 책은 교회의 지도자들과 교회 공동체에서 상처 받은 지체들을 위하여 쓰여졌다.

능력 있고 탁월한 기독교 지도자일지라도 섬기는 법을 알아야 하기 때문에, 우리는 첫 번째로 교회의 지도자들을 이 책의 독자로 삼았다. 지도자는 잘 섬기기 위해서 사람들을 이해할 필요가 있고, 그들의 마음이 얼마나 상처 받기 쉬운지 알 필요가 있기 때문이다. 예수님은 사람을 섬기는 것을 가장 중요한 사명으로 여기셨다. 그분은 사람들과 대화하셨고, 함께 걸으셨으며, 함께 잡수셨고, 또한 함께 사셨다. 그분은 사람들의 상처를 이해하셨고, 그들의 상한 마음을 치유하시기 위해 말 그대로 자신의 삶을 온전히 내어 놓으셨다. 예수님은 모든 지도자의 지도자이시기에, 우리 지도자들도 그분의 삶을 본받아 약한 자와 상처 입은 자들을 희생적으로 섬겨야 한다.

또한 우리는 상처 받은 이들을 위하여 이 책을 썼다. 그들은 참으로 오랜 세월 동안 간과되어 왔고 참담할 정도로 무시당해 왔다. 우리가 이 문제를 깊이 염려하는 이유는 이로 인해 많은 아름다운 영혼들이 거절감을 경험하게 되었고, 교회는 쇠락의 길을 걷게 되었기 때문이다. 이 책을 읽어 나가는 동안 당신은 우리가 제시하는 인생모델이 이제와는 전혀 다른 교회 안팎의 환경을 조성하기 원한다는 사실을 깨닫게 될 것이다. 그곳은 상처 받은 사람들도 교회에 생기를 불어넣을 수 있는 소중한 자원으로 인정받고 존중받는 곳이다.

셰퍼드 하우스(Shepherd's House)에서 일하는 우리가 진심으로 바라는 것은, 교회 공동체가 더욱 효과적으로 기능하게 되는 것이다. 어떻게 하면 상처 받은 사람들을 효과적으로 도울 수 있는지 더 잘 배우기 위해서 우리는 미 전역에 걸쳐 표본이 될 만한 교회들을 선택하여 연구하였다. 여기서 우리가 발견한 사실은, 교회가 예산을 따로 책정하고 상처 받은 사람들을 위한 치유 프로그램을 진행한다 해도, 그 프로그램은 그리 오래지 않아 힘을 잃고 사라져 버리더라는 것이다. 그러나 교회가 연약한 자들을 품에 안고, 그들을 강건한 가족들 가운데로 인도하면 "시너지" 효과가 나타난다는 놀라운 사실을 발견하게 되었다. "시너지"란, 두 개의 요소가 합쳐질 때 그들이 서로의 효용성을 증대시키는 현상을 말한다. 교회에서 강한 자와 약한 자가 한데 어울리기 시작할 때, 사람들은 새로운 단계로 나갈 힘을 얻게 되는 것이다. 교회는 상처 받은 이들을 도와야 하고, 상처 받은 이들은 교회를 필요로 한다. 이 두 그룹이 예수님께로부터 받은 마음으로 생활하기 시작할 때, 가장 강력한 시너지가 발생하게 되는 것이다.

당신은 어디로 향하고 있는가

당신은 성숙으로 나아가는 여정 가운데 있다. 물론 예상치 못한 어려움들도 있었겠지만, 여전히 가야 할 길이 남아 있다. 그러니 낙심하지 마라. 당신의 최종 목적지는 당신이 지금 상상하는 것보다 훨씬 더 좋은 곳이기 때문이다.

달라스 윌라드 박사가 말한 바와 같이 "예수님이 주신 마음"으로 살아갈 수만 있다면 당신의 여정은 순탄하게 이어져 갈 것이다. 그러나 반대로 당신이 "상처 입은 마음"으로 살아간다면, 영영 자신의 참 모습을 발견하지 못한 채 남은 생애를 살아가게 될지도 모른다. 그러나 하나님이 당신의 상처를 치유하시도록, 그리고 삶의 모든 영역을 다스리시도록 그분을 초대한다면, 당신은 머지않아 자신의 마음의 참 모습을 발견하게 될 것이다. 하나님의 관점으로 당신을 바라보는 사람들은 당신의 마음이 어떠한지 말해 줄 수 있을 것이기에, 그들이 당신의 마음에 대해 말할 때 주의를 기울이고, 그것을 삶의 좋은 지표로 삼기를 권하고 싶다. 당신이 자신의 "마음으로부터" 살아간다면, 당신은 진정한 자기 자신이 될 것이다. 매일의 일상적인 삶을 살아가는 동안 기쁨은 증가되고 두려움은 줄어들게 될 것이다. "자유"라는 단어는 마음으로부터 사는 것이 어떤 느낌인지를 묘사하고자 할 때에 흔히 사용하는 단어이다. 성숙을 향하여 전진해 가려는 당신에게 이 자유는 꼭 필요한 것이다.

당신은 인생이라는 여행길을 가는 동안 고립을 피하도록 노력해야 한다. 인생의 장애물들은 결코 혼자 뛰어넘을 수 없기 때문이다. 당신이 더 성숙해진다면 다른 사람들도 자신들의 "마음으로부터 생활"할 수 있도록 도울 수 있을 것이다. 그것은 참으로 보람 있는 경험이 아닐 수 없다. 누군가가 성숙의 여정에 큰 걸음을 내딛도록 도울 때, 당신은 그를 매우 자랑스럽게 여기게 될 것이고, 당신 자신도 올바른 여정을 가고 있음을 깊이 확신하게 될 것이다. 당신 자신이 성장하고 있는 것처럼 다른 사람도 성장하고 있음을 알게 될 것이다. 생명을 주고받는 것에 대해 더 많이 배우면 배울수록, 하나님을 경험하고, 서로 사랑하며, 서로의 짐을 져주는 것이 더욱 풍성해지고 자연스러워질 것이다.

「예수님 마음담기」는 생명을 주고받고, 더 높은 수준의 성숙을 추구하며, 인생의 불가피한 외상(外傷)으로부터 치유를 경험하고, 주님이 주신 기쁨이 다스리는 인생을 살아가는 법에 대해 다루고 있다. 그러나 이 과정은 고립된 상황에서 이루어지지 않는다. 가족이 필요하고, 공동체가 필요하다. 이것에 대해서는 이제 차차 배워 나가게 될 것이다.

이 책을 활용하는 방법

각 장의 마지막에 있는 "스터디 가이드"는 개인적으로 학습할 수 있도록 도와주며 그룹 토론 시간을 더욱 풍성하게 할 수 있도록 해 준다.

그룹 토의를 위한 가이드 라인

1. 그룹 토의 시간은 구성원이 5명 이상 10명 이하일 때 가장 효과가 좋다. 따라서 대규모 그룹은 토론 시간을 위해 작은 그룹으로 나눌 필요가 있다.
2. 그룹 모임은 시작하는 시간과 마치는 시간이 일정해야 한다. 예배나 교제의 시간을 포함할 수 있지만, 매주 정해진 시간에 모이는 것이 좋다.

3. 멤버들이 빠지지 않고 참석할 것을 결심하는 것뿐 아니라 실제로 그 주에 다룰 내용을 미리 읽은 후, 질문에 대한 답을 작성해서 참석하는 것이 중요하다.
4. 그룹의 인도자들은 그 그룹에 맞게 적절한 질문만을 골라 답할 수 있다. 뿐만 아니라 부적절하다고 판단되는 질문에 대해서는 토론하지 않아도 되며 그룹에 도움이 될 만한 것으로 여겨지는 질문은 스스로 만들어 추가할 수 있다.
5. 사람들마다 각각 다른 성장의 지점에 와 있다는 사실을 존중해 주는 것이 중요함을 그룹 전체에 상기시켜 주어야 한다. 어떤 이들에게는 지금의 시점에서 그들의 이야기의 특정한 부분은 나누지 않는 것이 가장 적절한 선택일 수 있다.
6. 비밀 준수의 의무에 대해 매주 상기시켜 줌으로써 멤버들이 그룹 내에서 들은 어떤 개인적 정보도 바깥에서 나누지 않도록 해야 한다.

이 책을 활용하는 세 가지 방법

1. 개인이 스스로 책을 읽고 각 장의 마지막에 있는 질문에 대답할 수 있다.
2. 한 그룹이 한자리에서 책을 읽을 수 있다. 그들은 매주마다 한

과씩 읽고 제공된 별도의 기록지에 질문에 대한 답을 쓸 수 있다. 그 그룹은 자신들의 답이나 관찰한 바 혹은 삶의 경험들을 나눌 수 있도록 한 시간 반가량(혹은 그룹이 동의한 만큼의 시간 동안) 모일 수 있다.

3. 가장 완전한 학습은 joystartshere.com에서 추가로 제공하는 무료 온라인 자료들을 활용하는 것이다. 제공되는 자료들은 다음과 같다.

- 각 과를 인도할 수 있도록 두 시간 분량으로 제작된 그룹 인도자 가이드
- 일부 중요한 개념들에 대해 책에 소개된 내용보다 폭넓게, 그리고 자세히 설명한 보충 자료들
- 책에 소개되지 않은 개념들을 포함하는 보충 자료들
- 당신의 마음의 진정한 특징을 대화형으로 측정할 수 있는 도구
- 각각의 그룹 인도자와 그룹 멤버들을 위해 학습 노트를 제작하는 방법
- 그룹이 이후에 추가로 공부할 수 있는 자료들

Contents

- 서문
- 이 책을 활용하는 방법

part 01
온전함으로 나아가는 여정

chapter 1 • 진실한 만남으로 온전함을 이루라   019
chapter 2 • 충만한 기쁨으로 온전함을 이루라   041

part 02
성숙으로 나아가는 여정

chapter 3 • 성숙, 하나님이 주신 잠재력을 추구하라   065
chapter 4 • 멈춰 버린 곳에서 다시 시작하라   089
chapter 5 • 두려움에서 사랑으로 옮겨 가라   105

part 03
회복으로 나아가는 여정

chapter 6 • 기쁨으로 돌아오는 법을 연습하라   129
chapter 7 • 당신의 "외상"을 이해하라   149
chapter 8 • 당신의 "분열"을 파악하고 기도하라   171

part 04
소속감을 향상시키는 여정
- chapter 9 • 공동체, 하나님의 가족에 속하라   191
- chapter 10 • 영적 입양을 이해하라   211

part 05
예수님의 마음을 담아가는 여정
- chapter 11 • 예수님이 주신 마음으로 살아가라   225
- chapter 12 • "사르크"와의 싸움에서 승리하라   243

part 06
인생모델(Life Model)을 따르는 여정
- chapter 13 • 인생모델을 따르는 공동체를 이루라   263
- chapter 14 • 당신의 성숙도를 점검하라   277

- 부록A 2부 참고 내용
- 부록B 인생모델이란 무엇인가?
- 부록C 인생모델의 신학적 배경
- 참고 문헌

Part **01**

온전함으로 나아가는 여정

chapter 01

진실한 만남으로
온전함을 이루라

우리는 자신이 누구인지 알 필요가 있다. 또한 우리를 사랑하고, 우리의 참 모습을 아는 이들로부터 우리가 어떤 존재인지 지속적으로 상기시켜 주는 말을 들을 필요가 있다. 그리고 "예수님께서 주신 마음"으로 살아가기 위해 마음의 치유를 받을 필요가 있다. 이것은 깨어진 세상 속에서 온전함을 성취하기 위한 중요한 출발점이다. 또한 공동체에 속해서 소속감을 갖는 것이 중요하고, 나아가 내면의 "성숙"을 위해 끊임없이 노력해야 한다. 늪에 빠진 사람이 그곳에서 빠져나오려면 일생 동안 이어지는 하나님의 도움의 손길이 필요하다.

온전함으로 나아가기 위해 꼭 필요한 요소들이 여러 가지 있다. 구체적으로는 가족의 구성원이 되는 것, 생명을 주고받는 것, 외상의 영향력으로부터 자유해지는 것, 그리고 공동체에 기여하는 것이다. 사람들은 이와 같은 활동을 통하여 자신이 진정으로 누구인지를 배우게 된다. 그러나 이런 영역들 가운데 어떤 부분이 결핍되어 있으면, 사람들은 절망에서 헤어나오지 못하고 하나님께서 주신 그들의 진정한 정체성을 누리지 못하게 된다. 그러면 자신의 마음으로부터 살아가는 법을 배우지 못한다.

우리는 왜 상담자가 필요한가?

죄와 타락으로 인해 사람들이 주고받는 상처가 없다면, 우리는 상담을 받을 필요가 없을 것이다. 타락 이후로 모든 피조물은 신음하게 되었고, 하나님의 독생자 예수님 외에는 어떤 인간도 본래 지음 받은 대로 아름답게 성장하지 못하게 되었다. 그러나 예수님을 통해 우리는 죄로 인해 얻은 모든 상처를 치유해 주는 구원을 얻게 되었다. 이 구원은 하나님의 직접적인 개입하심과 하나님의 사람들, 곧 교회의 활동을 통하여 우리 안에 역사하게 된다. 하나님은 그분이 주신 구원이 단지 천국 문에 들어가는 티켓 정도로 여겨지기를 원치 않으신다. 그렇기 때문에 그분을 따르는 우리는 주님과 함께 죄의 결과를 극복하기 위해 이 땅에서 매일 싸워야 한다. 우리의 마음과 삶 속에 일어나는 변화는 성화와 구원의 결과물이라 할 수 있다. 일단 우리가 회개와 죄 사함을 통해 구원을 얻으면, 이후에는 하나님의 나라가 우리 가운데 임하고, 그분의 뜻이 하늘에서 이루어진 것 같이 땅에서도 이루어진 것처럼 살아갈 수 있다. 우리는 흔히 우리의 구원을 이 땅에서의 삶이 영원으로 연장되는 것으로 보기보다는 이생의 삶이 끝난 이후에야 비로소 효력을 발휘하는 것으로 생각한다. 하지만 그것은 잘못된 생각이다. 이 땅에서 반드시 이루어져야 할 일이 있고, 하나님께서는 우리가 그 일을 감당하길 원하신다. 우리의 행위가 우리를 구원하는 것은 아니지만 그것은 바로 우리가 새로운 피조물임을 증거해 준다. 모든 성도와 함께 성숙에 이르도록 자라가는 것은 우리가 마땅히 해야 할 일이다. 우리는 이것을 성취하기 위해서 성화되고, 치유받으며, 악으로부터 구원받고, 하나님 한 분만으로 인도함을 받는 삶, 즉 새로운 마음으로 사는 삶을 추구해야 한다. 그러므로 우리는 구원받았지만, 동시에 구원받고 있는 것이다.

    대부분의 성숙한 신자들과 같이 거룩한 상담자는 다른 사람들이 자신의 삶을 올바른 궤도에 올려놓을 수 있도록 돕는 일에 기여한다. 이것이야말로 그들이 구원받은 자임을 드러내는 매일의 증거이기 때문이다. 우리가 이곳에서 언급하게 될 "외상"

이란, 하나님께서 우리를 창조하실 때에 마음속에 품으셨던 모습보다 모자란 존재로 머물러 있도록 우리의 정체성에 남겨진 상처들을 의미한다. 외상은 우리의 성장을 가로막는다. 그리고 적절한 성숙을 막아 버리거나 지연시킨다. 외상은 불필요한 것을 우리 삶에 첨가함으로써 생겨날 수도 있다. 마치 총상을 입을 때 경험하는 충격처럼 말이다. 또한 외상은 마치 영양실조로 인해 몸이 불구가 되는 것처럼, 사람의 영혼이 필요로 하는 무엇인가가 결핍되어 있을 때 생겨날 수도 있다. 그것은 앞서 언급한 대로 상처나 고통을 만들어 낼 뿐 아니라, 성숙의 과정을 막거나 지연시키는 결과를 가져온다. 아주 어릴 때 외상을 입어서 성장이 막혀 버렸거나 지연된 사람은 적절한 성숙의 단계에 이르지 못하거나 정상적인 정체성을 확보하지 못한 채, 심리적으로 왜곡되거나 불구가 된 모습으로 살아가기도 한다. 성장이 느리거나 멈춰 있다면 이와 같은 두 종류의 외상을 살펴볼 필요가 있다.

　　죄는 우리 삶에 불필요한 것들은 더해 놓고, 반드시 필요한 것들은 빼앗아 가 버린다. 죄가 의존하고 있는 자원은 세상과 육신, 그리고 악한 영들이다. 죄는 언제나 성숙을 가로막는다. 기독교 상담은 이와 같은 악의 문제를 다루어야 하지만, 그 일은 인간의 노력이나 지혜 혹은 계획을 의지함으로 가능해지는 것이 아니다. 오직 하나님이 주시는 구원만이 이와 같이 역사하며, 그분만이 자신의 거룩한 목적을 향해 우리를 이끄실 수 있고, 그것을 성취하실 수 있다. 이와 같은 일은 오직 성령 안에 있는 삶을 통해, 그리고 하나님께 민감하게 반응하는 마음을 통해서만 성취될 수 있다. 목사들이나 상담자들, 그리고 교회들은 하나님의 구원에 대해서도 계획하고, 지시하며, 통제하고 프로그램화 하려고 한다. 그러나 결국 인간적인 노력만이 나타나게 될 것은 불을 보듯 뻔한 일이다.

상담자들은 하나님의 인도하심을 따라 성장과 거룩함을 막거나 저해하는 요소들을 없애고, 성령 안에서 온전하고 충만한 삶으로 나아가도록 도울 뿐 아니라, 잘못된 방향으로 진행된 성장의 문제도 다루어야만 한다. 짐 와일더(E. James Wilder)의 집에는 어리고 유연할 때에 줄기가 서로 꼬아진 채 자라난 세 그루의 작은 나무들이 있다. 이 나무들처럼 사람들도 자라날 때 왜곡된 모양으로 인도함을 받아 굽어진 길을 따라 성장할 수 있다. 그들은 아마도 남자나 여자, 아버지나 어머니, 혹은 기독교인이라면 어떻게 살아가야 하는지에 대해 나쁜 모델을 보고 자라났을 가능성이 있다. 그들은 어쩌면 우는 자들을 보면 웃고, 자신을 저주하는 사람을 보면 같이 저주하며, 자신을 배신한 자들에 대해 복수하고, 매주 토요일이나 휴일에는 친구들과 술을 마시는 것을 배웠을 수 있다. 또 욕망을 만족시키기 위해 여러 명의 여자들이나 남자들을 쫓아다니고, 목적을 달성하지 못하면 상대를 협박하거나 분을 내라고 배웠을 수 있다. 이러한 습관들은 너무 오랫동안 인이 박히고, 깊어져서 그들의 성품이 되어 버렸을 수 있다. 당연히 하나님께서는 우리가 이렇게 살아가기를 원치 않으신다.

거룩한 상담자는 자신이 돕는 내담자들의 삶 속에 부적절하거나 치명적인 요소들은 제거하고, 그들의 영과 혼에 결핍되어 있는 비타민과 영양분들을 보충해 주어서, 비록 시작은 왜곡되고 악했을지라도 이후에 건강하게 성장할 수 있도록 도와야 한다.

목사들이나 상담자들은 하나님의 말씀 안에서 발견한 교훈들을 적용함으로써 사람들의 삶에 나타난 왜곡된 성장의 오류를 밝혀내고, 바르게 성장하기를 원하는 하나님의 소망을 드러내야만 한다. 회개와 고백, 용서는 치유와 구속, 그리고 하나님과 하나님의 사람들과 맺는 영적 관계로 이끌어 주며, 그곳에서 계속되는 기도와 찬양, 예배와 성령의 열매는 그의 내면에 거룩한 성품을 형성해 간다. 이제부터 진정한 성숙은 시작되지만, 성숙이란 본래 하나님의 사람들과의 교제 가운데서만 온전하게 이루어 질 수 있는 것이다.

성장을 가로막는 두 장애물을 제거하고, 성령의 인도함에도 불구하고 여전히 왜곡되게 성장한 삶의 문제를 다루었다면, 이제 기독교 상담자는 인간 쪽에서 해야 할 부분을 시작할 준비가 된 것이다. 그것은 바로 지시하고, 인도하고, 격려함으로써 한 인간이 진정한 성숙을 이루기에 부족한 부분을 보충하는 것이다. 이것은 물론 성장하고 있는 교회 공동체에 속한 성숙해 보이는 성도들에게도 일어날 수 있는 일들이다. 크리스천의 삶의 모든 영역에 걸쳐 진정한 성장이 이루어지기 위해서는 우리를 구원으로 이끄시는 하나님의 모든 공급하심과 말씀에 대한 철저한 가르침, 그리고 성령의 이끄심이 자유롭게, 또 온전히 발현되어야만 한다. 이것들 위에 우리는 영과 혼과 힘을 다해 온전히 헌신하며, 최선의 노력을 기울여야만 한다.

고린도전서 3장 1-13절과 히브리서 5장 11-14절은 미숙함을 문젯거리로 묘사하고 있는 반면, 에베소서 4장 11-15절은 "그가 어떤 사람은 사도로, 어떤 사람은 선지자로, 어떤 사람은 복음 전하는 자로, 어떤 사람은 목사와 교사로 삼으셨으니 이는 성도를 온전하게 하여 봉사의 일을 하게 하며 그리스도의 몸을 세우려 하심이라 우리가 다 하나님의 아들을 믿는 것과 아는 일에 하나가 되어 온전한 사람을 이루어 그리스도의 장성한 분량이 충만한 데까지 이르리니 이는 우리가 이제부터 어린아이가 되지 아니하여 … 범사에 그에게까지 자랄지라 그는 머리니 곧 그리스도라"고 전하며, 미숙함을 마땅히 넘어서야 할 과제로, 또 성숙함을 마땅히 취해야 할 과제로 설명하고 있다.

　이와 같이 예수 그리스도의 선물은 우리로 하여금 모든 면에서 자라나 성숙함에 이를 수 있게 도와주는 그분의 몸에 속한 사람들이다. 그러므로 우리는 "인내를 온전히 이루라 이는 너희로 온전하고 구비하여 조금도 부족함이 없게 하려 함이라"(약 1:4b)가 될 것이다. 야고보가 말하는 이 온전함은 시험을 견딤으로써 얻게 되는 신실함으로부터 나온다. 사실 우리는 "여러 가지 시험을 당하거든 온전히 기쁘게"(약 1:2) 여겨야 한다. 왜냐하면 우리가 당하는 "믿음의 시련이 인내를 만들어 내는 줄" 우리가 알기 때문이다(약 1:3). 우리는 이 작은 책에서 외상이 어떻게 기쁨과 신실한 성품, 그리고 조금도 부족함이 없는 온전한 성숙으로 바뀌어 질 수 있는지에 대해 다루게 될 것이다. 이것이야말로 각각의 지체들뿐 아니라 몸이 "모든 면에서 머리 되신 그리스도에게까지" 자라날 수 있도록 기독교 상담자들이 반드시 잘 배우고 익혀야 할 방법이다. 많은 사람들이 상담을 통해 이 문제를 풀어 가라고 권면한다. 결국, 인생의 수렁에 빠진 사람들을 건져 낼 수 있는 방법은 상담의 과정에서 일어나야 하는 것이다.

상담만으로 부족하다

그러나 전통적인 상담치료에서는 흔히 어떤 일들이 벌어지는가? 비밀준수 양식이 등장한다. 내담자들은 이곳이야말로 솔직하게 자신에 대해 말할 수 있는 곳이라는 말을 듣는다. 그들은 내담자들이 상담실에서 모든 것을 드러내며 솔직해지는 법을 배우면, "바깥에 나가서"도 솔직해질 수 있다고 말한다. 그러나 그들이 만약 솔직하게 자신을 드러낸 대가로 처벌을 받는 사회에 살고 있다면, 그러한 시도는 사람들이 정직하게 말하게 하는데 아무런 도움이 되지 않는다. 그러나 만약 자신이 얼마나 낙담했는지, 다른 사람들과 교제하기를 얼마나 갈망하는지, 해결되지 않는 갈등 때문에 얼마나 고통을 당하는지 정직하게 나누는 법을 배우게 된다면, 그들은 "바깥에 나가" 처벌 받는 위험을 감수하게 될 것이다. 솔직하게 자신을 드러낼 수 있도록 허락된 곳이 상담실뿐이라면 자신의 고통에 대해 정직해지는 것은 별다른 유익이 없다. 상담실에서만 내담자가 실제적이고 정직해질 수 있도록 제한을 받는다면 그 상담은 실패한 것이다.

우리가 이전에 누리던 공동체 중심의 문화로부터 멀어져 가게 되면서, 상담이 가지고 있는 단점은 점점 더 분명히 드러나게 되었다. 내담자들은 자신들을 돌보아 주는 공동체에 분명하게 속해 있을 때 상당한 상담의 효과를 거두었는데, 이는 생명을 주는 공동체 안에서 인생의 "수렁"을 통과할 수 있는 충분한 에너지를 공급받았기 때문이다. 그들은 그곳에서 본래 창조된 마음으로부터 자신의 정체성을 구축해 갈 수 있었고, 생을 이어 갈 수 있는 힘을 공급받을 수 있었다. 그러나 오늘날 현대사회에서 서로를 돌보아 주는 공동체를 만들어가는 것은 무척이나 어려운 도전이 되었다. 만약 그 노력이 실패로 돌아간다면 상담만으로는 어떤 성공도 거두지 못할 위기에 봉착하게 될 것이다.

내담자를 "불완전한" 인간으로 간주하면서, 상담자 자신이 "완벽한" 인간의 역할을 하려고 하는 것은 상담에 있어 가장 큰 문제라 할 수 있다. 사실, 상담자들도 인생의 문제들을 마주한다. 그러나 상담자의 역할을 감당하도록 훈련 받았기에 그 사실을 드러낼 수 없는 것뿐이다. 어떤 상담자들은 "상담 시간" 동안에는 상담자의 역할에만 충실하고, 그들의 삶에는 개입하지 않도록 훈련 받는다. 이처럼 상담자가 제한적인 역할만 수행하려 할 때, 생명을 주는 상담은 이루어지지 않는다. 진정한 상담자가 되기 위해서는 용기가 필요하며 그것이야말로 성공적인 상담의 기초라 할 수 있다.

무엇인가에 진실하다는 것은 사물의 실체가 어떠한지 인정할 준비가 되어 있다는 뜻이다. 어느 성경 공부 모임에서 어떤 참가자가 한 말이 매우 의미심장하다.

"이렇게 많은 사람들에게 다 문제가 있다는 것이 정말 놀랍지 않나요?"

그렇다. 그러나 어쩌면 그게 그렇게 놀랄 일이 아닐 수도 있다. 결국, 우리는 모두 인생에서 비슷한 도전을 마주해야만 하기 때문이다. 진실하게 산다는 것은 우리 모두가 마주하고 있는 도전을 정직하게 직면하는 것을 말한다. 우리는 모두 깨어진 존재들이기에 상처와 분열과 소외와 억압을 경험하고 있는 것이다.

사람들은 자신이 누구인지, 생명을 얻기 위해 무엇을 해야 하는지 알기 위해 상담을 시작한다. 그러나 그들의 생활 터전이-가정과 직장, 교회를 포함하여-치유의 과정을 지원해 주는 곳이 아니라면, 상담은 그들이 나아가야 할 방향을 제시해 줄 수 있을지는 몰라도, 그들 자신이 누구인지 알려 줄 수 없고, 그들에게 생명을 줄 수도 없다. 상담은 사람들로 하여금 인생의 어느 지점에 덫에 걸려 있는지 직면하도록 도울 수는 있어도, 거기서 빠져나올 수 있는 능력까지 제공해 주지는 못한다. 그래서 가정과 공동체가 그 능력의 일부를 공급해 줄 필요가 있다. 사람들은 그곳에서 자신이 누구인지 발견해야만 하고, 덫으로부터 빠져나올 수 있는 힘도 그곳에서 얻어야 한다. 생명을 얻게 되는 곳은 바로 '이 곳'이다.

그러나 때로 생물학적 원가족이 이 과정에 아무런 도움이 되지 못하거나 오히려 해가 될 때가 있다. 이 같은 경우에 우리는 영적인 가족들을 내담자의 삶에 초청하는 것이 하나님의 계획이라 믿는다. 그들은 생물학적 원가족이 제공해 주지 못하는 생명을 공급하는 가족이 될 것이다. 이러한 거룩한 공급은 4부 "영적 입양"이라는 제목 아래 자세히 논의될 것이다. 여기서 우리는 "인생모델"은 수렁으로부터 빠져나오려는 사람들이 혼돈스럽고, 상대를 무시하며, 학대하는 가족에게로 다시 돌아가야 할 필요가 있다고 말하는 것이 아님을 분명히 강조해야겠다. 오히려 우리는 하나님께서 '영적 확대 가족' 가운데 누구를 생명을 공급하는 사람으로 생각하고 계신지 우리 각자가 발견할 수 있게 도와 달라고 기도한다.

가족과 공동체는 실패할 수 있다

왜 과거에 성공적이었던 공동체가 더 이상 성공적으로 기능하지 않게 된 것일까? 오늘날 어떤 요인이 주변 사람들로부터 우리를 멀어지게 만들고, 고립시키는 것일까? 바로 다음과 같은 것들이다.

- TV 앞에서 보내는 수많은 시간들
- 컴퓨터 앞에서 보내는 더 많은 시간들
- 멀리 떠나가는 친한 친구들과 가족들
- 친구가 되지 않고, 낯선 사람으로만 남아 있는 이웃들
- 스스로를 하나님의 가족이라 부르지만, 실제로 그렇게 행동하지 않는 교회들
- 갑작스런 기쁨을 선사해 주기 위해 불쑥 방문하는 것을 꺼리는 사람들
- 위기 때에 도와주지 않는 사람들
- 대화를 나눌 수 있는 얼마 되지 않는 소중한 시간에 음식만 먹어 치우기에 바쁜 사람들
- 따로 식사를 하면서 식사 시간을 공유하지 않는 가족들
- "지금 당장" 해결해야만 될 것 같은 많은 급한 일들
- 여가 시간 없이 이어지는 바쁜 스케줄을 유지하는 것
- 관여하고 있는 너무 많은 일들로 인해 늘 압도당하는 느낌을 받고 있는 부모들

바로 이것들이 서로를 돌아보고, 끈끈한 돌봄과 사랑이 있는 생명 공동체를 원하는 사람들이 그 뜻을 이루지 못하고 서로 소원해지게 만드는 원인들이다. 돌보는 공동체가 사라져 버린

것은 국가 전체에 큰 정체성의 위기를 가져왔다. 사람들은 그들이 자라나는 공동체를 통해 자신이 누구인지 배울 필요가 있다. 가족과 공동체는 사랑의 관계 가운데 사람과 사람을 연결해주고, 그들이 누구인지 발견하는 것을 돕도록 창조되었다. 하나님을 중심으로 한 공동체(예를 들면 교회)에 의해 지원을 받는 "생명을 주는 가족 관계"가 없다면 사람들은 하나님이 주신 정체성을 찾다가 거듭 실패하고 말 것이다. 그들은 그들의 마음으로부터 살아가고 싶지만, 어떻게 해야 할지를 알지 못한다. 그들의 삶은 과거에 받은 상처에 이끌려 다닐 뿐이다.

예를 들어, 치유되지 않은 성적인 외상으로 인해 남성들을 신뢰하지 못하는 여성이 있다고 하자. 만약 공동체가 그녀의 상처를 치유하지 못하고, 안전한 남성들과 신뢰할 만한 사람들로 그녀 주변을 둘러싸지 못한다면, 그녀는 여전히 불만족한 인간관계 속에 얽매여 살아갈 수밖에 없을 것이다. 혹여 그녀가 타인의 필요에 민감하고, 남을 돌보는 마음을 가진 사람일지라도 계속해서 고통 가운데 살아간다면 그러한 민감함과 돌봄의 은사를 발휘할 수 없게 될 것이다. 가족과 공동체가 사람들로 하여금 자신의 외상을 직면하고, 인생의 수렁을 지나가게 도와주면, 그들은 참된 자신을 발견하게 된다. 그들은 자신의 마음으로부터 살아가는 법을 배우게 되는 것이다.

회복에 이르기 위해 사람들은 사람들이 필요하다

앤 비얼링은 이 같은 진리를 확신하게 되기까지 직업과 관련된 세 번의 특별한 경험을 하게 되었다. 그녀는 기독교계 고등학교에서 교감과 영성지도 감독으로 섬길 때, 어떻게 학생들의 믿음이 자라는지 연구하는 국가 특별 조사팀의 일원으로 초대받아 활동한 적이 있었다. 그들이 결론적으로 발견한 것은 학생들의 신앙은 신실한 교사나 코치, 부모 혹은 성인들과 진실한 교제를 맺을 때 가장 큰 영향을 받게 된다는 사실이었다. 또 2년 뒤에 셰퍼드 하우스의 스태프로 섬기게 되었을 때, 그녀는 상처 받은 사람들이 하나님 중심의 신실한 공동체와 가족들 가운데 있을 때 가장 잘 치유 받으며, 그러한 자원 없이는 치유가 일어나더라도 매우 더디게 일어난다는 사실을 25년간의 임상 경험을 가진 그들로부터 배우게 되었다. 마지막으로, 2년 뒤 전국 교회 상담자 모임을 이끄는 리더십 팀의 일원으로 섬기게 되었을 때, 그녀는 성숙한 기독교인들과 만족스러운 교제를 누리게 될 때, 사람들이 가장 쉽게 주께로 돌아오게 된다는 사실도 배우게 되었다. 이처럼 진실한 관계를 형성하기 위해서는 주차장의 디자인에서부터 성인들을 위한 성경공부 모임까지 다양한 필요들이 채워져야 하는 것이다. 직업과 관련한 세 번의 경험은 그녀를 한 가지 확실한 결론으로 이끌었다. 학생들의 신앙은 "관계"를 통해 성장한다는 것, 상처 받은 사람들도 "관계" 속에서 치유를 경험한다는 것, 그리고 불신자들도 "관계"를 통해 예수님을 영접하게 된다는 것이다.

성장과 치유, 성숙과 믿음의 진보는 모두 "관계"와 밀접하게 연관되어 있다. 깨어진 이 세상에서 인간이 온전함을 얻기 위해서는 반드시 다른 사람들이 필요하다.

하나님의 역할과 우리의 역할

사람들이 회복되기 위해 하나님이 필요하다는 것은 대부분의 기독교인들에게 너무도 당연해 보인다. 그러나 어느 부분이 하나님의 역할이고, 어느 부분이 인간의 역할인지에 대해 생각하다 보면, 생각이 좀 복잡해지다 못해, 엉망이 될 때가 있다.

하나님의 일은 구속사적인 영역을 모두 포괄한다. 구원, 성화, 축사, 치유, 그리고 영적 입양은 모두 "하나님의 영역"이다. 물론 그러한 과정에서 사람이 중요한 도구로 사용될 수는 있겠지만, 우리를 궁극적으로 구원하시고, 성화시키시며, 악으로부터 건지시고, 영적으로 적합한 가족에게 입양시켜 주실 수 있는 유일한 분은 하나님뿐이시다. 우리가 하나님께서 그분의 역할을 하시도록 할 때 모든 일은 완벽하게 일어난다. 그러나 주제넘게 그분의 영역을 침범하면 많은 일들을 순식간에 망쳐 버릴 수도 있다.

성숙의 영역은 완전히 다른 문제이다. 하나님께서는 우리를 성숙으로 인도하시고 축복하시는 역할을 분명히 감당하신다. 하지만 성숙에 이르도록 실제로 노력하는 것은 우리의 역할이다. 성숙은 영적 은사도 아니고, 구원의 부산물도 아니다. 그것은 그리스도인들이 평생에 걸쳐 수고해야만 하는 것이다.

하나님의 역할과 우리의 역할은 그렇게 나누어진다. 하나님께서 그분의 영역에서 그분만의 역할을 감당하시도록 허용해 드리는 동시에, 각 사람이 성숙으로 나아가는 자신의 책임을 잘 감당하게 되면, 우리 인생은 더욱 생산적이 될 것이다.

마음과 정신, 그리고 뜻은 함께 역사한다

주님께서 우리에게 "네 마음(heart)을 다하고 목숨(soul)을 다하고 뜻(mind)을 다하여 주 너의 하나님을 사랑하라"(마 22:37)고 하셨을 때는 우리의 전 존재를 포함하신 것이었다.

마음은 영적인 현실(전 11:9)을 보게 하는 눈이다. 말 그대로 마음은 "하나님을 아는 눈과 귀"이다. 마음으로부터 사물에 대한 이해가 찾아오고, 영적 분별력이 생겨난다. 한 개인이 영적인 정체성을 형성할 때 마음은 특별한 영향력을 발휘한다. "예수님께서 주신 마음으로 살아가기"는 "우리가 누구인가?"에 관한 영적 현실과 자신의 정체성을 결합한 표현이라 할 수 있다. 이것은 하나님께서 우리 각 사람을 독특한 성품을 가진 특별한 존재로 디자인하셨음을 뜻하는 표현이다. 우리가 예수님께서 주신 마음으로 살아갈 때, 우리는 그분이 특별하게 창조한 사람으로 변화되어 갈 것이다. 이렇게 살아갈 때, 우리의 감정이 머무는 혼과 우리의 지식이 머무는 지성이 하나로 통합될 것이다.

그러나 마음에 대해 이야기할 때, 우리는 마음이 결코 감정이 아님에 주의해야 한다. 우리의 마음으로부터 살아간다는 것은 우리 마음에 느껴지는 대로 산다는 것이 아니다. 그것은 어리석은 일이 될 것이다.

"우리의 마음으로부터 산다는 것"은, 하나님의 영으로 지배받는 가운데 우리가 누구인지, 그리고 하나님이 우리를 어떻게 인도하기 원하시는지를 보여 주시며, 그것과 조화를 이루는 여정을 걷게 하시는 내면의 인도자가 있음을 우리가 인정하는 삶을 의미한다.

우리의 마음이 하나님께 집중되면, 우리는 자신이 누구인지 또 무슨 일을 하고 있어야 하는지를 알게 된다. 하나님의 말씀은, 우리 모두가 아픈 마음을 움켜 쥐고 있으며(렘 17:9) 그것들을 치유하기 위해서는 하나님이 필요하다는 것을 상기시켜 준다.

예수님으로부터 나온 마음은 거듭난 마음이며, 그분이 거하시는 마음이다. 변화된 마음에 대해 언급하는 본문은 성경 전체에 나와 있다. 그중 한 본문이 에베소서에 등장하는데, 여기서 사도 바울은 에베소 교회의 새신자들을 위해 다음과 같이 기도한다.

"그의 영광의 풍성함을 따라 그의 성령으로 말미암아 너희 속사람을 능력으로 강건하게 하시오며 믿음으로 말미암아 그리스도께서 너희 마음에 계시게 하시옵고"(엡 3:16-17).

하나님은 우리 마음 가운데 거하길 원하신다. 그분이 우리 마음 가운데 계실 때 우리는 그분께서 창조하신 바로 그 모습이 되어 갈 수 있는 자유와 능력을 경험하게 된다.

스터디 가이드

01 교회 안에서 경험한 강한 자와 약한 자 사이의 관계와 상호 교류는 무엇이었는가? 이것에 대한 당신의 설명은 어떠한가?

02 이 공부를 하는 동안 고립되어 있다면, 당신은 어떤 기회를 놓치게 되는 것인가? 어떤 면에서 당신은 고립되어 있는가? 고립되는 것을 피할 수 있는 방법은 무엇이겠는가?

03 상담자들은 사람들의 삶에서 세 가지 것들에 대해 언급해야 하는데, 그것은 다음과 같다.
   1) 그들의 외상   2) 그들의 죄   3) 그들의 왜곡된 성장
이 세 가지 요소들이 어떻게 우리가 하나님께서 본래 창조하신 모습으로 회복되어 가는 것을 방해하는지 설명해 보라.

04 생명을 주는 공동체는 상담이 제공해 주지 못하는 어떤 요소들을 치유의 과정 가운데 공급해 주는가?

05 왜 우리는 자신이 누구인지 발견하기 위해 공동체의 도움이 필요한가? 사람들이 생명을 주는 공동체를 경험하지 못할 때 어떤 일이 벌어지는가?

06 하나님이 왜 사람들을 통하여 우리가 성장하고 회복되고 또 하나님과의 관계를 맺게 하신다고 생각하는가?

07 치유와 회복의 과정에서 "하나님의 역할"과 "우리의 역할"은 각각 무엇인지 설명해 보라.

08 예수님께서 당신에게 주신 독특한 마음에 대해 더욱 자세히 알게 되고, 그것으로 인해 더욱 풍성한 삶을 살게 될 때, 당신의 삶에는 어떤 일이 벌어지게 되겠는가?

chapter 02
충만한 기쁨으로
온전함을 이루라

온전함은 짧은 시간에 얻을 수 없다

"하나님은 위대한 마술사가 아니라 위대한 의사"라는 말이 있다. 이 말은 사람들이 분명히 생각해 보아야 할 질문―"하나님의 치유의 역사는 언제나 빠르게 이루어지는가?"―을 다루고 있다. 사람들은 고통으로부터 최대한 빨리 벗어나려고 애쓴다. 그것은 충분히 이해되는 일이다. 고통은 우리의 즉각적인 관심을 필요로 한다. 그러나 이보다 더욱 성숙한 태도는 고통 가운데에도 하나님의 구원을 바라며, 비록 더디게 이루어질지라도 우리의 상처에 치유가 임하기를 구하는 것이다. 하나님은 우리가 고통 가운데 있을 때에도 우리 안에 역사하시며, 온전함을 향해 나아가게 하신다. 그러나 그것은 단순히 하나님의 일만이 아닌 우리의 일이기도 하다. 온전함을 이루기 위해 우리에게는 고통을 처리하는 성숙함과 끈기가 필요하다.

물론 고통을 피할 수 없는 때가 있겠지만, 우리는 그 가운데에서도 여전히 놀라운 하나님의 구원을 경험할 수 있다. 고린도후서 12장은 사도 바울이 어떻게 소중한 교훈을 배우게 되었는지를 설명하고 있다. 바울은 고통스러운 문제에서 헤어나오지 못하고 하나님께 세 번이나 간청하였지만, 돌아온 것은 기대하지 않은 응답이었다. 즉, 하나님은 우리의 연약함을 통해 일하신다는 사실이었다.

이것은 참으로 심오한 발견이었다. 그는 "약한 것들과 능욕과 궁핍과 곤란" 가운데 기뻐하는 법을 배운 것이다. 복음의 좋은 소식은 하나님께서 우리가 고통 가운데 있을 때에도 함께 있기 원하신다는 사실이다. 하나님께서 능력을 발휘하시는 때가 바로 이때이다. 바울은 하나님께서 주도권을 행사하시도록 자기 삶을 내어 드리는 법을 배웠고, 그에게 임한 고난을 끝내 달라고 간구하기를 멈추었다. 하나님께서 자신의 삶을 다스리시게 하였을 때, 하나님은 그를 더욱 효과적으로 사용하실 수 있었다. 바울은 고통이야말로 하나님께서 그를 통해 일하실 수 있는 좋은 기회임을 발견하였기에 그 가운데 기뻐할 수 있었다.

그리스도인의 경험에서 핵심이 되는 것은, 하나님께서 그분을 사랑하는 사람들을 위해서 모든 일이 합력시켜 선을 이루신다는 것이다(롬 8:28)는 변치 않는 믿음이다. 이 말씀에서 강조되어야 할 단어는 "모든 일"이다. 그분은 우리가 끝도 없고, 의미도 없는 고통 가운데 있을 때에 특별히 더 역사하신다. 오랜 시간 지켜져 온 고통과 온전함에 대한 기독교적 접근은 하나님의 역사하심뿐 아니라 우리의 행동을 포함한다. 우리 안에 역사하는 그분의 일은 우리의 마음을 깨뜨린 모든 외상으로부터 우리를 구원하는 것이고, 우리의 할 일은 온전함을 향해 나아가는 동안 성숙을 위해 애쓰는 것이다. "구속"이라는 단어는 때로 이해하기가 어렵다. 너무나 다양한 맥락에서 사용되기 때문이다. "인생모델"(Life Model)에서 구속이란, 하나님이 악에서 선을 이끌어 내시는 것을 뜻하며, 우리를 온전케 하시는 그분의 놀라운 능력을 경험하도록 이끄는 것을 뜻한다. 구속은 가장 극심한 고통 가운데서도 우리 삶의 가장 심오하며 개인적인 사명이 성취될 수 있음을 의미한다.

온전함에 대한 성경적 이해는 야고보서 1장에 간결하게 묘사되어 있다. 고난 가운데 있을 때 온전히 기쁘게 여기라는 교훈이 여기에 등장한다. 그것이 우리를 온전함으로 인도할 것이기 때문이다. 고난은 우리의 믿음을 시험하고, 인내를 이루기 때문에, 우리를 성숙하고 온전하게 만든다. 야고보는 이와 같이 폭풍이 치는 과정을 지날 때 하나님의 지혜를 구해야 한다고 강조한다. 하나님께서 우리로 하여금 폭풍우를 뚫고 나아가게 하시리라는 완전한 믿음이 있어야 한다. 그렇지 않으면 우리는 하나님으로부터 "어떤 것도" 받을 수 없을 것이다. 하나님에 대한 완전한 믿음이 없는 자는 "두 마음을 품은 자"이고, 마음이 나누인 자인 것이다(8절). 온전함은 그분께서 우리를 폭풍우 사이로 인도하시도록 허락할 때 얻게 되는 것이다. 우리는 고난을 환영해야 한다. 왜냐하면 고난은 분열된 우리 삶의 벽들을 무너뜨려서 더욱 성숙함과 온전함을 향해(4절) 나아가도록 도와주기 때문이다. 상처 받은 자들과 분열된 인생들을 구속함으로 우리의 약함이 강함으로 바뀌게 하는 것은 하나님의 뜻이다. 이러한 일은 우리가 정직하게 자신의 아픔을 시인할 때 일어날 수 있다. 우리가 고통을 수용할 때 그것은 우리를 온전함으로 인도한다. 그 과정에서 인내가 필요하고, 또 오랜 시간이 걸릴 수 있지만, 우리가 누리게 될 혜택을 생각해 본다면 그것은 그럴 만한 충분한 가치가 있는 일이다.

지나간 일 넘겨 버리기

어떤 그리스도인들은 우리가 고통에 대해서 "잊어버리고,

성경이 말하는 대로 뒤에 일은 잊어버리라"고 말한다. 사람들은 누구나 과거의 아픔을 해소하는 것이 바람직하다는 데에 동의한다. 그러나 고통을 지나가 버린 일로 치부한 채 잊어버리는 것은, 빌립보서 3장에서 우리가 흔히 인용하는 "뒤에 있는 것을 잊어버리고"라는 말씀이 의도하는 바가 결코 아니다. 여기서 바울이 말하려는 바는 개인적인 성취에 대해 자랑하는 것과 관련이 있다. 그는 스스로 자랑할 만한 충분한 이유가 있었지만, 지난날의 성취는 뒤로 하고 잊어버리겠다고 한다. 즉, 이제 자신의 화려한 과거를 "그리스도와 그 부활의 권능과 그 고난에 참여함을 아는 것"(10절)에 비해 무가치한 것으로 여기겠다는 말이다. 이 본문을 통해 바울은 지난날의 고통을 쉽게 처리할 수 있고 잊어버릴 수 있다고 말하려는 것이 아니었다. 그 어떤 것도 예수님을 알아가는데 방해가 되게 해서는 안 된다고 강력하게 주장하고 있는 것이었다. 그 어떤 것에는 고통도 포함되어 있다.

외상으로부터 회복되는 일은 어려운 일이지만 절대로 무시되어서는 안 된다. 그것은 훈련되고 많은 경험을 갖춘 사람들의 인도를 따라 집중적으로 노력해야만 하는 작업이다. 외상으로부터의 회복은 상담의 핵심적인 과업이다. 외상을 치유하기 위한 최적의 접근법을 선택할 수 있도록 상처의 구체적인 성격을 발견하는 것은 그래서 필수적이다. 외상은 다음과 같은 두 가지의 분명한 범주로 나뉘어 진다.

"A형 외상"은 우리 모두가 필요로 하는 좋은 요소들이 결핍된 상태이다. 이 같은 외상은 관계의 문제를 야기시키기 때문에 A형 외상의 회복에는 사랑의 관계가 필수적이다.

"B형 외상"은 일어나지 말았어야 할 나쁜 일들이 일어난 것이다. 이러한 경험은 두려움을 일으킨다. 그 "나쁜 사건"은 다시 경험될 필요가 있고, 그때 그 두려움이 뿜어내고 있는 악을 비활성화시켜서 두려움 없이 일상 생활을 영위할 수 있게 해 주어야 한다. 3부는 외상 회복에 대해 보다 상세히 다루고 있는데, 이 시점에서는 외상의 유형에 따라 다른 회복의 전략을 동원하는 것이 얼마나 중요한지 언급하는 것이 필요하다. 만약 치료가 특정한 상처의 유형과 잘 맞지 않는다면, 회복은 일어나지 않을 것이다.

A형 외상의 회복은 꾸준히 사랑의 관계를 경험하게 함으로써 가능하며, 그럴 때 외상을 입은 사람이 미숙함의 늪에서 빠져나올 기회를 얻게 된다. 신뢰를 훈련하고 깊은 감정을 드러내게 하는 것은 친밀한 관계의 초석이 되며 그것들은 성숙을 촉진시키는 역할을 한다. 이것은 빠른 시간 안에 이루어 질 수 없다. 시간과 사랑하는 가족이 모두 필요하기 때문이다. 비록 기도를 중심으로 한 치유법이 회복을 가속화 시킬 수는 있을지 모르지

만, B형 외상의 회복에도 역시 시간이 필요하다. 두 가지 유형의 외상을 치유하는데 있어 강조점은 모두 상처를 치유하는데 있어야지 속도에 있어서는 안 된다는 것이다. 상처를 해소해야만 비로소 외상을 "과거사로 돌릴 수" 있으며, 이를 위해서는 상처를 포용하면서 동시에 하나님의 치유하심을 초대할 수 있을 만큼 충분한 성숙함이 필요하다.

하나님은 우리가 지나간 일들은 뒤로 넘겨 버리기를 원하시며, 이 세상에서 우리가 그분의 사랑을 마음껏 경험하기를 원하신다고 그리스도인들은 주장한다. 일견 옳은 말이다. 간단히 말해 지나간 고통은 간과하고 현재와 미래에만 초점을 맞추자는 말이다. 하지만 이 같은 인식은 현실을 심각하게 부인하는 것이다. 어느 내담자는 이 일이 왜 성공할 수 없는지 잘 지적하였다. 그녀는 "과거의 고통이 해소되지 않으면, 그 문제와 매일 씨름할 수밖에 없다"고 하소연 하였다. 그러니 그것은 더 이상 과거사가 아니라 현재의 문제인 것이다. 과거로부터 오는 상처는 치유를 받지 않는 한 과거에 그대로 남아 있지 않는다. 외상으로부터의 치유가 필수적이라는 사실을 여기서 다시 한 번 강조할 필요가 있다. 과거의 고통은 그 사람이 현재 경험하는 고통을 끝낼 수 있을 정도로 해소되지 않으면 결코 끝난 것이 아니다. 사랑의 관계를 맺고 과거의 고통스러웠던 사건을 다시 회상하고 처리하는 과정은 각각 A형 외상과 B형 외상을 극복하도록 돕는 과정에 필수적이다. 하나님의 인도하심과 능력을 힘 입으면 외상의 극복은 순조롭게 이루어진다. 하나님은 치유하시고 회복시키신다. 그러나 그것은 "과거에 대한 승리를 선언하는 것" 이상을 필요로 한다. 외상의 상처를 치유하는 데에는 그 외상에 가장 적합한 치유가 필요하다. 그렇지 못할 경우엔 그 고통은 현재의 거침돌로 남아 있게 된다.

셰퍼드 하우스에서 만난 어느 여성 내담자가 과거를 부인하는 것이 어떻게 자신을 절름발이 신앙인으로 만들었는지에 대해 묘사해 놓았다. 그녀는 그 글을 통해 과거를 올바로 잘 다루지 않으면 다른 사람들과의 관계가 어려워지고, 심지어 하나님과의 관계도 방해 받을 수 있으며 고통스러운 고립의 시간을 맞게 될 수 있다고 경고한다.

내 인생은 잡초로 가득 찬 정원이었다. 기쁨과 순수한 젊음이 주는 아름다움은 현실에 질식해 버린지 오래 되었다. 그때에 나는 주님의 음성을 듣게 되었다. 그리고 그분이 내 정원 이곳저곳에 씨앗들을 뿌려 주셨고 그것들은 싹이 나 아름답고 풍성하게 자라났다. 그러자 오직 그리스도만이 가져다 줄 수 있는 기쁨과 사랑으로 가득하게 되었고, 나의 정원은 이제 새로운 피조 세계로 변화 되었다.

그러나 나는 정원을 가꾸지 않았다. 나는 그저 정원이 알아서 잘 자라고 풍성해질 줄로 생각했다. 그러다 예고도 없이, 꽃들이 죽기 시작했다. 많은 꽃들이 죽은 것이 아니라서 처음에는 금방 눈치 채지 못했다. 그러나 마치 아름다운 카페트에 구멍이 난 것처럼, 빈 곳이 많아지기 시작했다. 다른 사람들이 내 정원에 자주 들어 왔더라면 처음 꽃이 시들기 시작했을 때 금새 알아챘을 텐데, 불행히도 내 정원에는 아무도 초대받아 들어온 적이 없었다. 그들은 그저 모든 것이 완벽해 보이는 먼발치에서만 정원을 들여다 볼 수 있을 뿐이었다. 꽃이 시들어 생긴 구멍 사이에 문제는 분명히 드러나 보였다. 수많은 잡초들이 그 자리를 차지하고 있었던 것이다. 잡초들의 존재에도 불구하고 정원의 꽃들은 그 주변에 무성히 자라났지만, 잡초들은 그 아름다움을 계속해서 갉아먹었다.

그때 주님을 향한 나의 사랑이 식기 시작했다. 어쩌면 나는 그저 담장 너머로 씨앗이 뿌려지는 것을 허락했을 뿐, 애초부터 그분을 내 마음의 정원으로 진지하게 초대하지 않았었는지도 모른다. 나는 더 이상 그분과 이야기를 나누지 않았고, 그분의 집에 가지도 않았으며, 그분의 편지도 더 이상 읽지 않았다 … 그리고 나는 이제 그분 없이 홀로 남아 있다. 오직 나만이 닫힌 문을 열고 그분을 모셔 들일 수 있다. 그러면 그분은 나를 도와 잡초들을 식별해 내시고, 생명이 다시금 아름답게 꽃피어나도록 만들어 주실 것이다. (모든 내담자의 정보는 본인의 허락을 받았음.)

우리는 "고통에 대해 잊어버리려"고 감히 시도하지 않는다. 왜냐하면 그것은 하나님뿐 아니라 그분이 주신 가족들과의 교제도 모두 막아 버리기 때문이다. 사람들은 처음에는 그 고통으로부터 자신을 단절시키려는 작은 시도를 한다. 예를 들면, 사람들은 일부러 자신을 바쁘게 만든다. 자신의 감정을 느끼지 않으려고 시도하는 것이다. 그러나 너무 바빠진다는 것은 친구들을 잃어버린다는 것을 의미한다. 자신의 고통의 문제를 외면하면, 결국 우리는 완전히 고립되게 된다. 고통을 완전히 끌어 안을 때에야 비로소 우리는 그것을 과거로 떠나 보낼 수 있고, 하나님을 포함한 다른 존재들과 진정으로 친밀한 관계를 맺을 수 있게 된다.

깨어진 세상에서 온전함 성취하기

세상은 깨어져 있다. 세상은 더 이상 하나님께서 창조하시고, 섬세하게 조율하시는 곳이 아니다. 우리도 마찬가지로 깨어져 있고, 타락한 상태에 놓여 있다. 타락한 천사장과 창조주 사이의 영적 전쟁이 여전히 진행 중이며, 이 전쟁은 매우 빈번하고 광범위하게 벌어지고 있다. 우리 가운데 이 전쟁의 여파를 피할 수 있는 사람은 아무도 없다. 우리는 모두 취약한 상태에 놓여 있으며, 세상은 우리 생애 전반에 걸쳐 여러 가지 방법으로 우리를 공격하고 있다. 그 결과 우리는 외상의 상처를 피할 수 없게 되었으며, 그중 어떤 것은 쉽게 지워지지 않는 흉터를 남기게 되었다.

특히 어린 시절에 외상을 입게 되면 매우 심각한 후유증을 경험하게 될 수 있다. 아무리 조심스러운 부모라 할지라도 아무런 해도 끼치지 않고 자녀를 양육할 수는 없다. 성장해 가는 동안 아이들은 이런저런 이유로 외상을 입게 되고, 그래서 많은 사람들은 성인기의 대부분을 이 외상의 후유증을 극복하기 위해 애쓰며 지내게 된다. 그러나 어린 시절의 외상을 극복하기 위해 애쓸 때 사람들은 그 실상을 이해하지 못한다. 왜냐하면 그것은 마치 자기 개발 서적을 읽는다든가, 나쁜 습관 때문에 수렁에 빠진 사람이 그것을 이겨 보려고 씨름하는 것처럼 지극히 일상적인 모습으로 비쳐지기 때문이다. 이런 것들은 후유증을 야기한 외상 자체를 주목하지 않고, 외상의 후유증만 치료하려는 시도들이다. 자신을 개선하려는 노력이 방향을 잘못 잡으면 실패하기 마련이지만, 이보다 더 큰 문제는 만연한 아동 학대의 현실이 심각하게 간과되고 있다는 것이다.

거듭되는 연구는 동일한 결론을 내리고 있다. 우리 중에 약 1/3은 어린 시절에 신체적, 성적 학대를 통해 외상을 경험하였으며, 이보다 더 많은 사람들이 정서적 성숙에 필요한 좋은 것들의 결핍으로 인해 고통을 받아왔으나 그에 대한 도움은 요원했다는 것이다. 성적 부진, 우울증, 불안, 낮은 자존감, 만성적 신체 질환, 과격한 행동, 그리고 다루기 힘든 성적 충동은 아동기 외상의 전형적이 후유증이다. 이러한 외상을 방치하면, 어린이들은 그 후유증을 성인기까지 그대로 가져가게 된다.

상처와 내면의 갈등, 고립감과 억압은 외상으로 인한 상처를 방치하고, 치유하지 않은 결과이다. 어린 시절의 학대 후유증을 제대로 다루지 않음으로 인해 너무나 많은 사람들이 평생 동안 고통을 경험한다.

그들은 그 고통이 어디에서 오는지 발견할 수 있도록 자기를 사랑해 주는 사람들로부터 격려 받을 필요가 있다. 또 그 회복의 여정을 동행하며 사랑을 베풀어 줄 사람들도 필요하다. 그들을 돌보아 주는 공동체의 도움이 없다면, 그들의 상처와 내면의 갈등, 고립감과 억압은 온전함으로 나가는 길을 지속적으로 방해할 것이다.

기쁨 키우기

기쁨을 키운다는 것은 하나님과 사람들에게 가까워진다는 것을 의미한다. 이것은 조작할 수 없으며 진실성이 필요한 과정이다. 먼저 가족에게 실천해 본 후에 상처 받은 자들의 공동체에 확대 적용해 볼 수 있는 몇 가지 "기쁨을 키울 수 있는" 아이디어를 소개하고자 한다.

1. 사랑하는 사람을 만날 때면 언제나 미소를 지어라. 그리고 진실한 목소리로 말하라.
2. 상대가 어떻게 지내는지, 또 무슨 생각을 하고 있는지 진지하게 말할 수 있도록 초대하는 질문을 하라. 말을 끊지 말고 주의 깊게 경청하라.
3. 상대방에 대해 진실한 관심을 가져라. 상대방의 두려움과 기쁨, 열정과 은사, 그리고 고통을 이해하기 위해 노력하라.
4. 서로 존엄과 존경을 가지고 대하라. 토론을 끝낼 때는 서로를 긍정해 주는 말을 남기도록 노력하라.
5. 언제든 적절한 스킨십을 사용하라. 손을 잡고 팔짱을 끼고 포옹하면서 최대한 신체적인 접촉을 활용하라.
6. 대화 시간, 격려의 쪽지, 도움의 손길, 혹은 저녁 나절의 산책 등 상대방에게 기쁨을 가져다 주는 것이 무엇인지 발견하고, 그 방법을 적절히 사용하여 상대의 기쁨을 배가 시키라.
7. 그들의 눈이 반짝 빛나게 할 만큼 놀랄 만한 작은 일을 준비하라. 그리고 당신의 눈도 빛나게 하라! 그 눈길이 오가는 동안 기쁨은 배가 될 것이다.
8. 아기들과 어린이들을 소중히 여긴다는 것을 말과 행동으로 보여줌으로써 그들과 함께 있는 것이 즐겁다는 것을 진실하게 표현하라.

기쁨의 힘

우리가 목격한 바와 같이, 세상은 깨어진 곳이다. 우리 모두는 세상에 존재하는 악으로 인해 어느 정도 분열을 경험하고 있다. 그러나 우리 각 사람의 내면에는 세상으로부터 오는 공격을 막아서고, 본래 하나님이 디자인하신 인간이 되고 싶어 하는 열망이 있다. 하나님께서는 온전한 존재가 되고 싶어 하는 자연스런 마음을 지닌 존재로 우리를 창조하셨고, 온전함을 향한 추구는 초기 아동기 동안 기쁨에 의해 놀라운 추진력을 얻게 된다.

사랑의 관계 속에서 기쁨을 경험하고픈 욕망은 생애 처음 2년을 지배하는 가장 강력한 힘이다. 실제로 어떤 신경학자는 인간의 가장 기본적인 욕구는 "누군가의 눈에 빛나는 존재"가 되고 싶어 하는 것이라고 말한다. 활짝 팔을 편 채로 큰 기쁨으로 기다리고 있는 부모에게로 달려 가는 어린아이의 얼굴을 살짝 바라본다면, 당신은 "누군가의 눈에 빛나는 존재"가 됨으로 인해 얻게 되는 힘이 얼마나 놀라운지 직접 목격할 수 있게 될 것이다. 바로 이 기쁨이 어린아이의 세계에서 가장 강력한 힘이 될 때 인생은 의미가 있다. 왜냐하면 아이들은 자기가 사랑하는 존재와 함께 있는 기쁨을 경험하기를 간절히 소망하기 때문이다. 놀랍게도 어린 시절에 시작되는 그 순진하고 순수한 욕망은 일생 동안 지속된다. 사람들은 사랑하는 사람들과 관계를 맺으며, "그들과 함께 있게 되어 즐거울 때" 삶의 의미를 발견하고, 기쁨으로 인한 힘을 얻게 되는 것이다.

기쁨은 관계적인 것이기 때문에 전염성이 있는 경험이라 할 수 있다. 기쁨은 누군가가 "나를 보게 되어 반가울 때" 생겨나는데, 그것은 나에게 약간의 기쁨을 느끼게 해 준다. 그러고 나면 나의 기쁨이 그에게로 되돌아가고, 처음 기쁨을 표현한 사람의 기쁨을 증가시키게 된다. 이와 같은 현상은 엄청나게 빠른 속도 - 1초에 6차례 왕복하는 비언어적 면대면 교환 - 로 반복적으로 이루어져서 그 두 사람 사이의 "기쁨"은 점점 더 커지게 된다.

기쁨은 또한 하나님과의 관계 가운데서도 생겨난다. 하나님께서 나의 모든 것을 아심에도 불구하고, 여전히 나를 "이루 말할 수 없이 기뻐하시는" 하나님과 관계를 통해, 강력한 기쁨이 샘솟게 된다는 것은 성경 전체가 강조하고 있는 바이기도 하다. 하나님께로부터 영감을 받은 고대의 성경 저자들과 21세기 과학기술로 무장한 신경학자들이 모두 다 기쁨이 강력한 관계를 통해 온다는 사실에 동의한다면, 우리는 여기에 배워야 할 심오한 무언가가 있음을 알 수 있다.

사실, 기쁨의 힘이 제대로 발휘되기만 한다면, 심지어 물리적으로 함께 있지 않아도 누군가 "나와 함께 있어 즐겁다"는 사실을 아는 것만으로도 우리는 기쁨으로 되돌아갈 수 있다. 얼굴의 이미지, 그들의 반응에 대한 기억, 하나님의 임재는 모두 우리를 기쁨으로 돌아가게 하기에 충분하다.

사람들이 파괴적인 세계에 의해 손상된 자신들의 감정과 기쁨을 적절하게 연결시킬 수만 있다면, 그들은 자신들의 모든 관계 가운데 새로운 힘과 생기가 솟구치는 것을 감지할 수 있을 것이다. 2부와 3부에서 보게 되겠지만, 뇌는 우리에게 해를 입히는 세상으로부터 자신을 보호하도록 설계되어 있으며, 손상된 부분을 수리하기 위해 열심히 일한다. 제대로 작동하기만 한다면, 가족과 공동체도 두뇌를 도와서 보호하며 수리하는 역할을 감당할 수 있다.

특별히 회복의 과정에 있는 사람들은 기쁨의 힘을 강화시키고 기쁨으로 되돌아갈 수 있도록 도와주는, 진정성 있는 기쁨이 충만한 관계에 머무는 것이 필수적이다. 만일 회복 중에 있는 사람이 기쁨의 힘을 얻지 못하면, 고통을 직면하기 어려울 수 있다. 고통을 직면하는 것도 회복의 일부분이기 때문이다. 사실 가용(可用)한 기쁨의 분량이 고통의 분량보다 많아야 한다. 그러므로 "생명을 주는 관계"를 통해 기쁨을 배가시키는 것을 회복의 첫 단계라고 볼 수 있다.

충분한 기쁨의 힘을 소유하는 것은 한 개인의 건강에 핵심을 이룬다고 할 수 있다. 우리는 "조이 센터"(joy center)가 두뇌의 오른쪽 전두엽 피질 안에 존재한다는 것을 알고 있다. 이 부분은 우리의 감정 체계 전체를 총괄하고 있다. 이 조이 센터가 충분히 발달되면, 감정과 고통, 면역 체계를 원활하게 통제하게 된다. 이 센터는 우리가 우리답게 행동하도록 유도하고, 도파민과 세로토닌 같은 신경 전달 물질을 분비한다. 그리고 이 중추는 음식과 성충동, 공포와 분노 같은 중요 중추들을 압도하는 두뇌의 유일한 부분이다.

회복과 인생

가족에 대한 소속감을 가지고 생명을 주고받는 일, 그리고 외상의 후유증을 극복하고 공동체에 기여하는 일은 평생이 걸리는 과업이다. 사람들은 가족과 공동체를 중심으로 이루어지는 이와 같은 인생의 과정을 무사히 통과하도록 도움을 받을 때 진정한 자유를 경험할 수 있다. 또한 성숙이 일어나고, 고통으로부터 힘을 이끌어 내는 하나님의 능력이 나타난다. 만일 성숙이 이루어지지 않으면 "인생모델"은 사람들이 그 정체된 부분을 찾아낼 수 있도록 도와준다. 진실한 상담자에게서 치료를 받고, 내담자의 생활 환경이 이를 지원해 주면 치료에 도움이 될 수 있다. 이것은 사람들이 사랑의 유대 관계 안에 머물러 살 수 있도록 힘을 실어 줌으로써 정체되지 않고 온전함의 길로 나아갈 수 있게 해 준다.

"인생모델"은 성경적 진리를 인간의 상황에 맞게 적용시켜서 하나님과 그분의 기쁨을 더욱 풍성하게 경험할 수 있도록 도와준다. "인생모델"을 잘 이해하게 되면 무엇이 잘못되었는지 정확히 진단할 수 있고, 생산적이며 현실적인 해결책들-비록 그 과정이 빨리 일어나지는 않더라도, 일생 동안 지속될 수 있는 해결책들-을 발견할 수 있게 된다.

그동안 매우 신속하게 "돌파구"를 찾아내는 몇 가지 상담적인 개입방법이 발견되었는데, 이것은 때때로 깨어진 삶을 치유할 수 있는 빠른 해결책으로 제시되기도 하였다. 그러나 문제는 "돌파구"를 발견하는 것이 중요한 일이긴 하지만, 아직도 해결해야 할 나머지 삶이 남아 있다는 것이다. 그러므로 인생이라는 거대한 스크린 위에 조그만 점에 불과한 그 돌파구를 과대평가한다는 것은 매우 근시안적인 생각이다. "인생모델"은 인생 전체를 조망한다. 우리의 목표는 상담이 더 큰 효과를 발휘하도록 하는 것 이상이다. 그것은 사람들이 "의미 있는 삶"을 살 수 있도록 세우는 것이다. 또한 심각한 상처를 입은 사람들을 회복시켜서 자신들이 속한 공동체 속에 녹아 들어가게 함으로써 타인의 삶에 기여하는 삶을 살게 하려는 것이다.

이 책은 "인생모델"의 개론에 해당한다. 책의 내용 속으로 더 깊이 들어갈수록 당신은 수없이 다양한 적용점을 발견하게 될 것이다. 우리는 앞으로 공동체가 성숙해지도록 도와주는 방법(2부)과 회복의 필요성(3부), 하나님의 가족에 속하는 방법(4부)과 마음의 회복(5부), 인생모델을 따르는 공동체(6부)에 대해 구체적으로 다룰 예정이다.

성경은 하나님의 나라가 말에 있지 않고, 능력에 있다고 말한다(고전 4:20). 그러므로 여기에 소개되어 있는 아이디어들은 결과가 좋을 때에만 설득력을 갖게 될 것이다. 효과적으로만 쓰인다면, 인생모델은 당신에게 허락된 하나님의 능력에 대해 새로운 시각을 갖게 해 줄 것이다. 이 모델은 예수님께서 주신 마음으로 살아갈 수 있도록 당신에게 도전하기 위해 제시된 것이다. 그것은 "풍성한 삶"을 의미한다. 이를 이루기 위해서는 당신의 노력과 하나님의 능력이 필요하며 또한 많은 시간이 투자되어야 한다. 셰퍼드 하우스에서 사역하는 우리 상담자들은 당신이 이처럼 생명을 주는 과정을 헤쳐 나갈 때, 하나님의 축복이 함께 하기를 바란다.

만일 지금까지 소개된 내용이 당신에게 혼돈스럽고 고통스럽게 느껴질지라도, 여기서 독서를 중단하지 않기를 바란다. 성숙과 회복, 소속과 인생모델의 나머지 부분을 배우다 보면, 모든 것이 더욱 분명해질 것이다. 우리는 이 모델이 당신과 당신이 속한 공동체 모두에게 큰 축복이 되기를 진심으로 바란다.

> **간단한 요약**
>
> 인생을 살아가다 보면 우리 각자는 성숙을 가로막는 피치 못할 외상을 경험하게 된다. 하나님의 구속적 활동은 우리 삶에 두 가지로 나타난다. 하나는 우리의 외상을 치유하시는 것이고, 또 하나는 우리를 당신의 가족으로 입양하시는 것이다. 두 가지 방법은 모두 다 성숙과 온전함으로 가는 길을 막고 있는 장애물을 뛰어넘게 한다. 이와 같이 능력을 공급받으면 그분이 주신 마음으로 생활할 수 있게 되고, 진정한 정체성을 나타낼 수 있으며, 가족과 공동체와의 관계는 기쁨으로 가득 차게 될 것이다.
>
> 때로는 외상의 치유가 시작되기 전에 가족과 공동체와의 관계 개선이 선행될 필요가 있고, 그와 반대로 외상 회복이 먼저 이루어져야 관계가 더 강화될 수도 있다. 외상 회복 사역이 그 효과를 발휘하기 위해 때로는 더 많은 성숙이 필요할 때가 있고, 그와 반대로 외상이 어느 정도 해결되어야 성숙이 이루어지는 경우도 있다. 거기에 어떤 공식이 존재하는 것은 아니다. 무언가 잘못된 것이 발견되면, 먼저 성숙도와 외상의 회복, 분열 정도, 가족과 공동체의 지원, 그리고 영적 생명력을 평가해 보고, 결손이 발견된 곳에 주님께서 구원을 베풀어 주시기를 간구하라.

스터디 가이드

01 "고통 가운데 하나님의 구원을 찾는다"는 말이 당신에게는 어떤 의미가 있는가?

02 구원이란 "가장 큰 고통의 시간 가운데서 각자가 발견하게 되는 개인의 가장 심오한 사명"이라는 개념과 관련하여 당신은 어떤 경험을 가지고 있는가?

03 당신은 과거는 과거로 남겨 두어야 한다고 믿는가? 왜 그런가 혹은 왜 그렇지 않은가? 만약 그렇다면 당신은 빌립보서 3장에 대한 저자의 해석을 어떻게 생각하는가?

04 A형 외상을 정의해 보고 그것으로부터 치유 받기 위해서는 무엇이 필요한지 설명해 보라.

05 B형 외상을 정의해 보고 그것으로부터 치유 받기 위해서는 무엇이 필요한지 설명해 보라.

06 인생모델은 기쁨을 어떻게 정의하고 있는가? 이것은 당신이 전에 이해하고 배웠던 것들과 어떤 면에서 같고 혹은 다른가?

07 '조이 센터'를 강력하게 개발시킨 결과 얻게 되는 이점은 무엇인가?

08 만약 당신이 예수님께서 주신 마음으로 살아가면서, 자신의 진정한 정체성을 발견하고, 가족 및 공동체와 기쁨의 관계를 맺을 수 있다면, 당신의 삶과 교회 생활은 어떻게 달라질 수 있겠는가?

Part **02**

성숙으로 나아가는 여정

chapter 03

성숙, 하나님이 주신 잠재력을 추구하라

성숙은 하나님이 주신 잠재력에 도달하는 것이다. 이는 우리 각 사람이 본래 설계된 개인의 잠재력을 발휘하며 성장하는 가운데, 각자에게 주어진 기술과 은사를 극대화시키고 효과적으로 활용하는 것을 의미한다. 이 장에 소개된 성숙에 대한 내용은 20여 년의 관찰과 연구, 그리고 경험의 산물이다. 짐 와일더는 그가 만났던 사람들 중 오직 소수만이 성숙에 요구되는 근본적인 과제들을 이해하고 있다는 사실과 그나마 그 과제를 이해한 사람들도 이것을 다른 사람들에게 가르치려 할 때 적절한 표현을 찾지 못한다는 사실에 적잖이 충격을 받았다. 다행히도 그는 신학과 심리학, 의학, 그리고 신경학 분야에 성숙과 관련한 중요한 정보들이 존재한다는 사실에 크게 고무되었다. 그래서 종합적인 연구가 시작된 것이고, 여기 당신 앞에 놓여 있는 것이 그 연구의 결과물이다.

1부에서는 충분한 기쁨을 소유하는 것이 모든 성숙과 성장에 기초가 된다고 소개하였다. 빈약한 기초 위에 세워진 집이라도 몇 년 동안은 "멀쩡해 보일" 수 있다는 사실이 매우 흥미롭다. 그러나 결국 시간이 지나, 궂은 날씨에 여러 가지 압력이 겹쳐지게 되면, 결국은 그 결함이 드러나게 되고, 붕괴의 과정을 겪게 될 것이다. 마찬가지로 우뇌의 "조이 센터"가 제대로 발달하지 않아서 적절한 기쁨의 능력을 갖추지 못한 사람들 역시 생애 전반 20, 30년 동안은 별 문제가 없는 것처럼 보일 수 있다. 그러나 삶의 풍상을 겪게 되면, 결국 그 빈약한 기초가 드러나게 되고, 고통스러운 붕괴의 과정에 들어설 수밖에 없다.

예를 들어, 견고한 기초 위에 세워지지 않은 집은 태풍이나 지진이 가져오는 스트레스를 견디지 못하고, 리모델링이 가져다 주는 압박도 이겨내지 못한다. 마찬가지로, 든든한 기쁨의 기초가 없는 사람은 이별과 상실의 아픔을 견뎌낼 수 없으며, 성장과 성숙이 가져오는 진통을 이겨내지도 못한다. 주지하는 바와 같이, 기초를 놓는 것은 매우 중요한 작업이다. 건축가는 누구나 든든한 기초가 건물 전체의 성공과 수명에 크게 기여한다는 사실을 알고 있다. 그렇다면 "생애 초기에 적절한 기쁨의 기초를 쌓지 못한 사람들은 어쩌란 말인가" 하고 질문할지 모른다. 그들이 회복되고 성숙할 수 있는 기회는 아예 존재하지도 않는다는 말인가?

다행히도 지난 5년간 신경과학 분야의 연구는 장족의 발전을 거듭하여 이제 우리는 이와 같은 질문에 답할 수 있게 되었다. 새로운 과학의 발달과 연구에서 우리가 배우게 되는 것은 하나님의 무한한 존귀하심과 탁월하심이 언제나 우리를 압도한다는 사실이다. 하나님은 당신의 전능하신 지혜 가운데 인간에게는 필연적으로 결핍이 있으리라는 것을 아셨다. 그래서 그분은 인간의 두뇌를 창조하실 때 그 부족함을 메울 수 있는 능력도 함께 부여하셨던 것이다. 우리 두뇌의 대부분은 일정한 발단 단계에 이르면 그 성장을 멈추게 되지만, 우뇌의 전두엽에 위치해 있는 조이 센터는 뇌 가운데서 성장의 동력을 상실하지 않는 유일한 부위이다. 다시 말해, 조이 센터는 우리의 전 생애를 통해 성장할 수 있는 능력을 그대로 보전하고 있는 두뇌의 유일한 부분이라는 말이다. 기쁨의 능력은 언제든지 개발될 수 있는 것이다!

그렇다면 당신은 과연 무엇이 그것을 자라나게 하는지 궁금해질 것이다. 그것은 진정으로 기쁨이 충만한 관계를 맺게 될 때 이에 반응하며 자라난다. 우리는 지금 일상적이고 피상적인 관계들에 대하여 말하고 있는 것이 아니다. 사람들이 진정한 기쁨("너와 함께 하게 되어서 정말 기쁘다")을 보이는 진실하고 끈끈한 관계에 몰입하게 될 때, 뇌의 이 부분은 나이와 상관없이 자라난다는 것이다! 비록 이러한 뇌의 성장은 본래의 정상적인 발달기간보다 느리게 이뤄지지만, 중요한 것은 분명히 새로운 기초들이 놓여질 수 있고, 심지어 손상되었던 중추도 수리될 수 있으며, 멈췄던 성숙이 재개될 수 있다는 사실이다.

마을과 가족

가장 이상적인 공동체는 다양한 생애 주기를 살아가고 있는 사람들이 서로 생명을 주고받는 관계를 맺고 있을 때 만들어진다. 아기들은 인생의 다음 단계로 나아갈 수 있는 삶의 교훈을 배우기 위해 나이가 더 많은 아이들과 성인, 부모, 그리고 어른들을 필요로 한다. 인생의 다른 단계를 지나가고 있는 사람들에게도 이는 마찬가지이다. 아기에게 어른이 필요한 것처럼, 어른에게도 갓난 아기가 필요하다. 우리 모두는 현재 우리가 처해 있는 삶의 단계에서 성공을 거두기 위해 인생의 다른 단계에 있는 사람들과 긍정적인 관계를 맺을 필요가 있다.

성숙은 결코 멈추지 않으며, 사람들은 그 성숙의 과정 어느 한 곳에 정체되는 일이 없도록 가족 및 공동체와 지속적인 관계를 맺을 필요가 있다. 사람들은 자신이 누구인지 알 필요가 있으며 자신을 사랑해 주는 사람들을 통해 수시로 그것을 확인 받을 필요가 있다. 앞으로 4부에서 보겠지만, 고아와 과부, 자녀가 없는 이나 독신자를 막론하고 가족 안에 속하는 것은 모두에게 필요한 일이다.

1966년 미국 대통령 선거 캠페인 도중 민주당과 공화당 사이에 치열한 논쟁거리가 된 것은, "자녀를 양육할 때 가장 필요한 것이 가족인가 공동체인가" 하는 질문이었다. 인간의 성숙에 영향을 미치는 조건을 면밀히 연구해 본 결과, 우리는 의심의 여지 없이, 자녀를 성공적으로 양육하기 위해서는 공동체와 가족 둘 다 필요하다는 사실을 확인했다.

성숙의 단계들

이제 성숙의 각 단계를 살펴보고자 한다. 한 사람의 신체적 나이가 그의 성숙 수준을 결정하는 것은 아니다. 그러나 성숙에 요구되는 과업을 만족스럽게 완수하는 것이 그의 성숙의 수준을 말해 준다고 할 수 있다. 각 단계는 이전 단계들의 모든 욕구와 과업을 포함하고 있다. 성숙의 단계표에 등장하는 연령은 그 과업이 처음 성취될 수 있는 나이가 언제쯤인지를 나타내 준다.

과업이 미리 성취될 수는 없지만, 결손이 있을 경우에는 추후에도 얼마든지 보완될 수 있다. 이 부의 후반부에 있는 성숙지표(Maturity Indicators)에 대한 설명과 도표는 이 내용을 보다 분명하게 설명해 줄 것이다.

유아기(0-3세)

이 책 전체에서 우리는 "유아"(infant)라는 용어를 0세에서 3세의 발달 단계에 있는 어린이와 성인 모두를 포함하는 말로 사용한다.

유아의 근본적인 욕구는 무조건적인 사랑과 돌봄을 받는 것이다. 받는 것은 언제나 주는 것에 선행한다. 다시 말해 우리는 받기 전에는 결코 효과적으로 줄 수 없다. 근본적인 의존의 욕구가 충족되면, 우리는 독립적이 되고자 하는 욕구가 발동하게 되고, 이어서 우리 자신을 돌보기 시작한다. 그러므로 이 단계 대부분의 기간 동안 부모들은 아기가 먹고 싶어 하고, 안기고 싶어 하며, 위로 받고 싶어 하거나, 요람에서 잠들고 싶어 할 때, 아기의 욕구를 충족시켜 줄 필요가 있다. 물론 아기가 아장아장 걷기 시작할 때는 훈련과 징계도 필요하다. 그러나 좋은 훈련을 받는다고 해서 0-3세 사이 아이들의 근본적인 욕구가 없어지는 것은 아니다.

앞서 말한 바와 같이, 기쁨의 발달은 이 첫 단계의 기초가 된다. 아기는 "누군가의 눈에 빤짝이는 존재"가 될 필요가 있으며, "함께 있게 되어 즐거운" 사람들과 함께 있을 필요가 있다. 그렇게 함으로써 기쁘게 살아갈 수 있게 되고, 또 기쁨이 인생의 정상적인 상태임을 배울 수 있게 된다. 바로 이러한 상태가 두뇌의 조이 센터를 성장시켜서 남은 여생 동안 그의 정서 체계를 "전체적으로 통제"하게 된다. 출생 후 1년 동안의 발달의 대부분은 기쁨을 경험하는 일에 집중되지만, 12개월 이상 된 아기들은 모든 불쾌한 기분으로부터 기쁨으로 돌아가는 중요한 과업을 시작하게 된다.

어떤 아기는 다른 아기들보다 "욕구가 더 강한"데, 그런 아기에게는 조그마한 불평의 신호만 보내도 즉각 반응하며 원하는 모든 것을 공급해 주는 부모가 필요하다. 버릇을 고치려고 아기의 울음을 무시하면 울음을 그치게 할 수 있을지는 몰라도, 이러한 접근은 발달에 필수적인 안정감이나 위로를 제공해 주지는 못한다.

부모와의 결속을 통해 신뢰를 개발하는 것 또한 이 단계에서 매우 중요하다. 유아가 이러한 유대관계를 형성하려면, 충분한 시간과 신체적 접촉, 그리고 부모의 적극적인 노력이 필요하다. 또한 유아는 이 단계에서 자신이 누구인지 그림을 그리기 시작하는데, 이 자아상은 특별히 자기를 바라보는 중요한 사람들의 표정에 근거하게 된다. 유아는 하나님이 그 아이를 바라보는 것과 동일한 시선으로, 즉 창조주가 설계한 모습 그대로, 자기를 바라봐 주는 사람들에게 둘러싸여 있을 때, 어리지만 이미 자신의 가치와 중요성을 깨닫게 된다.

이 중요한 시기에 이처럼 중요한 욕구를 채움받지 못한 "성인아기"(adult infants)들은 어른이 되어서도 항상 부족함을 느끼게 될 것이다. 그들은 정서적으로 자신을 돌보지 못할 것이며, 다른 사람들로부터 중요한 것을 받아들이는 데도 어려움을 겪게 될 것이다. 성인아기는 자기들에게 필요한 것을 요구하지 않는다. 다른 사람들이 진정으로 그들을 위하는 마음이 있다면 그들에게 무엇이 필요한지 알아서 해 줄 것이라고 믿고 있기 때문이다. 성인아기들은 모든 부정적인 피드백을 개인적인 공격으로 받아들이기 때문에, 그것이 타당하고, 건설적인 비판일지라도 받아들이지 못한다. 그들은 대부분 관계와 영역, 힘과 소유물에 대한 집착이 강하다. 불행히도 그들은 다른 사람들이 자신을 떠나지 못하도록 하기 위해 두려움이라는 "끈"을 이용한다. "기능을 잘하는" 성인아기들은 겉으로는 재정 관리를 잘하고, 시간을 지키는 것이나 신뢰를 유지하는 것과 같이 주어진 삶의 영역에서 책임 있게 행동하는 것처럼 보이지만, 정서적으로는 심각한 장애 상태에 있기 때문에 지속적으로 성공적인 관계를 맺는 것이 어렵다.

아동기(4-12세)

유아가 자기가 필요로 하는 것을 말로 표현하기 시작한다면 그것은 그들이 다음 단계로 넘어가고 있음을 보여 주는 것이다. 어린이가 유아기를 뒤로 하고 스스로를 돌보는 법을 배우기 시작했다는 것은 기뻐할 만한 일이다. 어린이가 사춘기로 옮겨갈 때에도 무조건적으로 사랑을 받는 것이 중요하다. 보상은 노력한 대가로 받는 것이지만, 사랑은 그렇지 않다. 그것은 무조건적이기 때문이다. 그러나 어린이가 부모를 돌보아야 되는 상황이라면 이 원리는 반대로 적용된다. 물리적으로나 정서적으로 성인을 돌보아야 하기 때문에 "어른화"되어 버린 아이는 겉보기에 성숙해 보일지 모르지만, 욕구가 제대로 채워지지 않았기 때문에, 언젠가는 미진한 정서 발달과 인격의 결함으로 인해 고통 당할 수 있다.

스스로를 돌보는 법을 배우기 위해 습득해야 할 몇 가지 개인적인 과제가 있다.

(1) 어린이는 어떻게 생각하고 느끼는지 또 무엇이 필요한지

를 적절하게 요구하는 법을 배워야 한다. 성인이 과거에 이 과제를 어떻게 수행하는지 배우지 못했다면, 자신들의 욕구가 채워지지 않고, 목소리가 받아들여지지 않을 때, 좌절감을 경험하게 될 것이다.

(2) 어린이는 무엇이 자신에게 만족을 주는지 배워야 한다. 만약 자신을 만족시키는 것이 무엇인지 배우지 못하면, 누군가가 늘 모든 것을 결정해 줘야만 하기 때문이다.

(3) 어린이는 힘든 일을 스스로 해내는 법을 배워야 한다. 이를 위해서는 인내와 끈기가 개발되어야 하는데, 이를 위해서는 어느 정도의 지도가 필요하다. 불행히도 현재 서구권에는 '내게는 자격이 있다'는 생각이 널리 퍼져 있다. 이러한 경향은 내가 무언가 자격이 있는 사람이라면 힘든 일은 하지 않아도 된다는 잘못된 생각을 어린이들에게 제공한다. 이러한 잘못된 가치관은 모든 전통적인 지혜에 역행하는 것으로, 성숙의 과정을 심각하게 제한할 수 있다.

(4) 어린이는 그들의 재능과 자원을 개발할 필요가 있다. 그렇지 않으면 자신의 삶을 불만족스럽고, 비생산적인 활동으로 가득 채워 버릴 가능성이 높아지기 때문이다.

(5) 자기 관리(self-care)는 자기 자신을 잘 알고 다른 사람들

에게도 자신을 잘 이해시키는 것을 포함하는데, 어린이들은 이러한 능력을 익혀야 한다.

(6) 어린이들은 자기 인생의 "큰 그림"뿐만 아니라 역사 속에서 자신이 어떠한 위치에 있는지를 이해할 필요가 있다. 개인적인 역사를 연구하게 되면, 어린이들은 현재를 더 잘 이해할 수 있게 되고, 미래를 가꾸어 가는데 더욱 효과적으로 기능할 수 있게 된다. 어린이들이 "큰 그림"을 이해하게 되면, 그들은 자기도 세계에 영향력을 미칠 수 있는 능력을 가지고 있음을 깨닫게 된다.

어른의 몸을 지녔지만 정서적으로 어린이의 성숙 수준을 가지고 있는 "성인아이"(adult child)는 언제나 자기중심적인 모습만 보이게 된다. 성인아기(adult infant)와 달리 성인아이는 자신을 돌볼 수는 있지만, 오직 자기 자신만을 돌볼 뿐이다. 그것도 다른 사람들에게 피해를 끼치면서 자신을 돌보는 경우가 대부분이다.

성인기(13세- 첫 아이의 출생)
어떤 사람이 자기중심적인 어린이에서 양자 중심적인(both-centered) 성인으로 변화되어 가는 것을 보게 될 때, 우리는 그가 어린이의 성숙 수준을 졸업하고 성인의 수준에 도달했음을 알게 된다.

어린이가 "자기중심적 공평함"(me centered fairness: 어떻게 하면 내가 공평하게 대우받을 것인가)을 배워야 할 필요가 있는 것처럼 어른은 "우리 중심적 공평함"(we centered fairness: 어떻게 하면 우리 모두가 공평하게 대우받을 것인가)을 배울 필요가 있다. 성숙은 성인의 특징이다. 왜냐하면 성인만이 두 사람 이상을 동시에 돌볼 수 있기 때문이다. 성인이 성인의 발달 수준 이하의 행동을 할 때 당신은 금방 알아 차리게 된다. 그런 사람과 관계를 지속하기 위해서 당신은 받는 것 없이 언제나 더 많이 주어야 하고, 더 많이 들어야 하고, 더 많이 참아야 하기 때문이다.

성인들은 곤란한 상황에서 평정을 유지하는 법을 안다. 그리고 자신과 다른 사람의 기쁨을 회복하는 법도 알고 있다. 그러나 이렇게 하지 못하는 성인은 회피하거나 달아나거나 특정한 감정에 사로잡혀 헤어나오지 못함으로 인해 자신의 많은 노력과 관계에 큰 손실을 입는다. 예를 들어, 자신의 분노를 처리하지 못하고 그저 회피하기만 한다면, 언젠가 큰 화로 폭발하게 될 것이다. 또한 수치심과 실패감에 사로잡히게 된다면, 우울증에 걸리거나 심지어 자살 충동에 사로잡힐 수도 있다. 약물을 복용하거나 난잡한 행동을 통해 잠시라도 고통과 거절감을 잊어 보려고 한다면, 그것은 그저 재난과 고통을 키우는 결과밖에 얻지 못하게 될 것이다.

동료들과의 유대와 집단 정체감의 발달도 성인기의 중요한 발달 과제이다. 젊은 성인들은 적절한 권력을 행사하고, 동료들과 좋은 관계를 맺으며, 사회에서 진실과 공평을 추구하는 것이 허용될 때 잘 성장하게 된다.

활동적인 공동체에 효과적으로 공헌할 수 있는 기회를 갖는 것뿐 아니라 그 성원이 되는 것도 필요하다. 한 개인이 "나"보다 더 큰 무엇엔가 속하게 될 때 큰 힘과 영감을 얻게 된다.

마지막으로, 성인은 더욱 심도 있게 또 개인적인 방법으로 자신의 마음의 특징을 표현할 필요가 있다. 사람들이 일단 자신이 누구인지 깨닫게 되고, 하나님이 자신에게 주신 성품의 힘과 아름다움을 이해하게 되면, 그가 가진 열정과 목적, 재능과 고통은 모두 한데 어우러져 그 사람이 누구인지 매우 구체적으로 정의해 주게 될 것이다. 사람들은 말과 행동으로 자신의 독특한 정체성을 더 잘 표현하면 할수록 더욱 진실하게 말하고 생활할 수 있는 위치에 서게 될 것이다.

부모기(첫아이의 출생부터 막내가 성인이 될 때까지)

생물학적 부모가 되는 것이 당신을 성숙한 부모의 단계에 자동적으로 들어서게 하는 것은 아니다. 사실, 많은 부모들이 이 수준에 이르지 못하고 있다. 그러나 자신이 치른 모든 희생에 대해 억울해 하지 않고, 아무것도 돌려 받기를 기대하지 않으면서도 자녀를 위한 헌신적 돌봄을 계속할 수 있다면, 그는 이제 자신이 부모의 단계에 와 있다는 것을 알게 될 것이다. 때때로 지치거나 너무 많은 일들에 압도당하는 듯 느껴지기도 하지만 여전히 그 희생에 대해 불평하지 않고 오히려 감사할 수 있다. 그러나 안타까운 것은 일종의 "권리" 철학이 현대의 부모들 사이에 팽배해져 있다는 것이다. 그들은 "나는 성인의 시절에 내가 하던 모든 일을 계속 할 권리가 있다. 그리고 나는 내 시간이나 돈, 그리고 사회적 활동을 희생할 필요가 없다"고 주장한다. 여기서 분명히 해야 할 것이 한 가지 있다. 자녀 양육은 분명히 희생을 필요로 한다. 그러나 그것은 자신을 포기하는 길이 아니라, 진정한 자신이 되어 가는 길이라는 사실이다.

부모들이 가정을 보호하고, 섬기며, 즐거운 가정을 꾸려 가는 법을 배우는 것은 매우 중요하다. 부모가 이 세 가지 일을 잘 해내면, 그 가정의 성원들은 모두 만족감을 얻게 될 것이다. 이 세 가지 영역에서 균형을 잃지 않기 위해서는 사회 공동체의 지원과 이미 오래전에 그 길을 지나간 성숙한 부모들의 인도가 필요하다.

성숙한 부모들은 자녀들에게 필요한 모든 것을 자신들이 전부 제공해 줄 수 없다는 사실에 대해 잘 알고 있다. 그래서 지혜를 발휘하여 어린이의 삶에 중요한 타자들, 즉 자녀들이 본래 창조된 모습대로 성장하도록 도와 줄 수 있는 중요한 영적 가족들을 만나도록 도와줘야 한다.

뿐만 아니라 성숙한 부모들은 자녀들이 어려운 때를 잘 견뎌내도록 도와주며, 불편한 감정을 느끼더라도 곧 기쁨을 회복할 수 있도록 돕는다. 아는 바와 같이 기쁨을 회복하는 능력은 나이와 상관없이 중요한 것이다. 결국 성숙한 부모가 되는 것은 가족들 앞에서 하나님의 좋은 대리인이 되는 것이다. 그 일을 잘 수행할 때 성숙의 마지막 단계를 향하여 나아갈 준비가 된다.

노년기(막내가 성인이 되기 시작할 때부터)

슬프게도 우리 문화에서는 이만한 성숙의 단계에 이르는 사람들을 찾아보기가 쉽지 않다. 한 국가나 사회, 학교 혹은 교회의 성공이 성숙한 조언과 지도를 베풀어 줄 수 있는 노인들의 존재와 직결되어 있기 때문에 이것은 매우 불행한 일이다. 노인으로서의 자격을 갖추려면 자녀를 성인으로 양육해야 하고, 이전의 모든 성숙 단계의 과제들을 완수해야 한다.

성숙한 노인들은 고난 한가운데에서도 자신을 잃지 않을 수 있다. 그들은 또한 자신이 원하는 바를 공동체에 강요하기보다, 하나님께서 그들의 공동체를 세우신 뜻을 발견하고, 분명한 공동체의 정체성을 형성할 수 있다. 또한 하나님께서 바라보시는 관점으로 공동체 한 사람 한 사람을 바라보고 존중한다. 즉, 그들이 본래 지음 받은 목적에 주목함으로써 현재 그들이 가지고 있는 결점과 겉모습은 간과해 버리는 것이다.

또한 성숙한 노인들은 공동체의 부모 역할에 기꺼이 자원하여 공동체를 성숙시킨다. 평생 동안의 경험을 통해 많은 것을 배웠기 때문에 그렇게 할 만한 자격이 충분하다. 그들은 위기와 거절을 다룰 줄 알고, 비난을 자초할 만한 어려운 상황에서도 진실을 말할 줄 알며, 대가 없이 봉사하고, 성장과 변화를 독려할 줄 안다.

마지막으로, 성숙한 노인들은 결손 가정에서 자라난 사람들이 치유 받고, 자라나며, 성숙에 이르기 위해서 진실하고, 생기 넘치며, 사랑이 충만한 영적 가정을 필요로 함을 잘 알고 있다. 그러므로 성숙한 노인들은 영적 입양을 통해 섭리하시는 하나님의 음성에 열린 마음으로 반응하며, 자신의 혈육에게 베풀었던 것과 똑같은 자기 희생적인 사랑을 영적 자녀들에게 베풀어 준다.

단계 옮겨 가기

성숙의 과정에서 사람들이 각 단계의 출발점에 이르게 될 때, 불안감이 증가된다는 사실을 이해하는 것은 매우 유익하다. 예를 들어, 아이들은 사춘기에 접어들 때 매우 힘들어 하며 (중학교에 입학하는 것은 엄청난 스트레스를 유발한다) 다른 어떤 단계에 들어갈 때에도 걱정거리들은 떠나지 않는다. 마지막으로 자녀를 떠나 보내고, 공동체에서 성숙한 노인으로서 역할을 감당하는 것도 마찬가지이다.

이처럼 다음 번 성숙 단계에 돌입할 때마다 불안을 경험하게 된다는 사실을 공동체 모두가 이해하면, 사람들은 그 과정을 통과할 때 도움을 받을 수 있다. 그러나 만일 자연스럽게 발생하는 문제가 '중년의 위기'와 같은 이름으로 불려진다면, 그것은 염려를 불식시키는데 별 도움이 되지 않을 것이다. 반면, 이러한 불안이 다음 단계로 넘어가는 사이에 발생하는 정상적인 현상이라는 것을 이해한다면, 사람들은 변화에 좀 더 빨리 적응할 수 있는 새로운 힘을 얻게 될 것이다.

사람들은 이렇게 얻은 힘을 가지고 불안감을 가져오는 요소가 무엇인지 분명히 확인할 수 있다. 어떤 사람들은 전 단계의 과업 가운데 아직 완수하지 못한 것이 있을 수 있는데, 그럴 경우 분명 불안감이 생겨난다. 그러나 더욱 성숙한 다른 사람들의 인도와 성장에 따른 흥분이 함께 어우러지게 되면 사람들은 불안의 장벽을 넘어설 수 있는 인내심을 얻게 되고, 다음 단계로 성공적으로 나아가게 된다. 당신은 사람들이 인생의 성숙 단계의 전환점을 통과해 갈 때 왜 전체 공동체의 도움을 필요로 하는지 이를 통해 알게 될 것이다.

성숙에는 절대 끝이 없다. 그리고 사람들은 항상 다른 사람들의 도움을 필요로 한다. 그들은 침체에 빠져 발달이 멈추게 되더라도 서로를 힘껏 도와주는 가족들에 둘러싸여 살아갈 때 최고로 기능하게 된다. 그들은 자신이 누구인지 알고 있으며, 진실한 마음으로 살아가고, 하나님께서 각 사람을 바라보듯이 서로를 바라본다.

각 단계마다 배워야 할 교훈이 있음은 명백한 사실이다. 어떤 단계가 시작할 즈음에 어떤 사람이 그 나이에 도달했다는 것은, 단지 몸이 준비되었다는 것을 의미하는 것뿐이지 실질적으로 그가 바로 그러한 발달 단계에 도달했음을 보증해 주는 것은 아니다. 신체가 전체적인 성숙도를 앞서가면 문제가 발생할 수 있다. 어쩌면 지체된 성숙도의 전형적인 사례는 코믹 만화에서 볼 수 있을 것이다. 다 자란 성인이 우스꽝스러운 실수를 저지르면 우리는 모두 다 웃게 된다. 어린아이가 어른의 몸을 입고 돌아다니는 모습을 보고 웃는 것은 재미있는 일일 수 있지만, 그런 남자와 결혼해서 사는 것은 전혀 재미있는 일이 아니다. 많은 남자들이 유아기 때 그들이 원하는 바가 무엇인지, 느끼는 바가 무엇인지 정확히 말하는 법을 배우지 못했다. 그래서 다른 사람의 필요를 충족시키는 법을 알지 못하는 경우가 있다. 농담이 아니라 이것은 반드시 해결되어야 할 문제이다. 우선 문제가 무엇인지 발견하는 일에서부터 시작해야 할 것이다. 그 문제의 근원은 미처 다 마치지 못한 성숙의 과제들인 것이다. 성취되지 못한 과제나 충족되지 못한 욕구가 있다는 것을 발견할 때 중요한 것은, 사람들은 늦었지만 과제를 해결함으로써 그 격차를 따라잡을 수 있다는 사실이다. 그러나 어떻게 격차를 해소할 것인지 논하기에 앞서 성숙에 대해 몇 가지 더 배워야 할 것이 있다.

성장, 깨어짐, 그리고 변화의 싸이클

성숙의 과정에 반복되는 유형은 사람들의 정체성을 형성하는 데 필수적이다. 그것은 각 성숙의 단계에서 다음 단계로 넘어가는 도중에 발생하는 것으로 때로 성장하는 동안에 일어나기도 한다. 그것이 발생할 때 사람들은 자기 자신과 다른 사람들을 좀 더 깊이 이해하게 된다. 그래서 다른 사람들을 좀 더 사랑할 수 있는 준비를 갖추게 된다. 실상 변화의 사이클이 목표하는 바는 이것이다. 성장이 진행되면, 긴장이 계속해서 발생하게 되고, 그것이 정점에 이르게 될 때 마침내 깨어지는 사건(brokenness)이 일어난다. 이 사이클은 변화를 경험하는 사람들이 두려움을 넘어서서 자신 있게 변화를 받아들이고, 생에 대한 감사로 나아갈 수 있도록 도와준다. 아마도 짐 프리슨(James G. Friesen)의 예가 이것을 잘 설명해 줄 수 있을 것이다.

처음 2년 동안 정신분열 환자를 치료하는 법을 배우면서, 짐은 자신이 열심히 일하는 동안 성장하고 있음을 깨달았다. 그러나 한편으로는 쳇바퀴를 도는 듯한 느낌을 지울 수가 없었다. 지금껏 그는 정신분열 환자도 계속 치료를 받으면 상태가 호전된다고 배워왔는데, 시간이 흐를수록 상황은 자신이 배운 것과 아주 달랐기 때문이다. 어떤 환자들은 여전히 치료되지 않았고, 또 어떤 환자들은 증상이 나아지기는커녕 오히려 악화되었다. 그는 자신이 배운 치료 방법이 과연 옳은 것인지 의심하기 시작했다. 그러다가 결국 자신이 그렇게 열심히 공부해 온 내용들이 사람들에게 큰 도움이 되지 않는다는 결론을 내리게 되었다.

불안은 커져 갔다. 지난 12년 동안 심리학자가 되기 위해 학위를 받았으며, 면허를 취득하였고, 수천 시간의 임상경험을 쌓았으며, 마지막까지 자신의 전공 영역에 혼신의 힘을 쏟았는데, 결국 임상 심리학이 예상한 결과들을 만들어내지 못하고 있다는 결론에 도달했기 때문이다. 그런 상황에서 불안감을 느끼는 것은 어쩌면 당연한 일이었을 것이다. 절망과 좌절을 느끼며 그는 깨어짐을 경험하였다.

그는 심리학적 개입만으로는 이 사람들을 도울 수 없다는 사실을 깨달았고, 자신이 배운 심리학적 원리와 함께 영적 개입의 방법을 배워서 사용해야겠다고 결심하였다. 다음 2년 동안 그는 철저히 깨어져서 "그리스도인인 심리학자"에서 "심리학자인 그리스도인"으로 변화되어 갔다.

그는 진정한 상담자가 되는 과정을 통해, 어린이 수준의 성숙단계에서 성인 수준의 성숙단계로 옮겨 간 것이다. 그는 더 이상 어린아이처럼 "해 보니 되더라"는 식의 치료 방법에 매달려 있을 수 없었다. 그의 정체성은 영적 훈련을 받는 동안 완전히 새롭게 변화되었다. 그는 영적인 접근법에 대해 자신감을 갖게 되었고, 다른 사람들을 더 잘 이해하게 되었으며, 그들의 마음이 원하는 것을 줄 수 있는 성인으로 변화되었다. 심리학과 영적 개입의 방법이 절묘한 조화를 이루며 성공을 거두었던 것이다. 바로 그것이 싸이클이었다. 그의 내담자들도 침체에서 벗어나게 되었고, 그에게도 마찬가지 일이 일어나게 되었다!

변화의 싸이클은 전 생애에 걸쳐서 주기적으로 나타날 수 있다. 그리고 그때마다 불안, 우울 혹은 기타 새로운 감정들이 동시에 나타난다. 변화는 치유의 과정이 끝났을 때 뒤이어 나타나기도 하고, 어느 성숙의 단계를 마쳤을 때 나타나기도 한다. 지난날의 정체성이 너무 낡았거나 너무 작았을 경우, 새로운 변화는 그 개인에게 이전과는 전혀 다른 정체성을 부여해 준다. 심한 성장통이 뒤따르겠지만 그것은 완전함에 이르는 싸이클의 일부라고 볼 수 있다. 그 싸이클이 완성되면 보다 더 발달된 자아가 세워지게 되고, 생활의 기술이 향상되며, 기쁨도 커지게 된다.

성숙은 사람들이 자신의 외상을 솔직하게 직면할 것을 요구한다. 그것이 몹시 고통스러울 때도 말이다. 변화는 다른 어떤 방법으로도 이루어지지 않는다. 치료의 핵심 경험은 외상으로부터의 회복이다. 이는 하나님께서 깨진 마음을 고치시도록 자신을 내어 드리며, 온전한 변화를 체험하면서, 더 높은 성숙의 단계로 나아가는 경험이다. 상담이 감당해야 하는 역할은 사람들로 하여금 그들의 깨어진 마음을 고칠 수 있도록 돕는 것이다. 변화의 싸이클이 완성되면 정체성은 확장되고, 성숙의 더 높은 단계로 나아갈 수 있게 된다.

스터디 가이드

01 인생모델이 제시하는 성숙함의 정의에 대해 당신은 어떻게 생각하는가? 이것은 당신이 이전에 가지고 있던 관점과 어떤 점에서 같은가 혹은 다른가?

02 기쁨의 근원이 빈약하기 때문에 한 개인의 삶이 무너져 내리고 있음을 잘 보여 주는 사례나 사건에는 어떤 것들이 있는가?

03 유아의 가장 근본적인 욕구는 받는 것이다. 그런데 만약 이 욕구가 충족되지 못하면, "우리는 다른 사람들이 나를 돌보아 주도록 요구하면서 남은 생애를 살게 될 것이다". 어떻게 받아야 할지를 배우지 못한 어른에게 이 말은 어떻게 비쳐지겠는가?

04 많은 영역을 책임지고 있지만, 타인들과 지속적인 관계를 맺지 못하는 "매우 잘 기능하는" "성인유아"를 볼 때 당신은 어떤 점을 발견하는가?

05 다른 사람들을 희생시키면서 오직 자기 자신만을 돌아보는 "성인아이"들에게서 흔히 발견할 수 있는 특징들은 무엇인가?

06 부모 수준의 성숙도를 가진 사람들은 희생이나 자신들의 노력에 대한 어떠한 대가도 바라지 않으면서 자녀들을 헌신적으로 돌볼 수 있다. 이에 대해 가장 잘 보여 주는 좋은 예는 무엇인가? 그것은 자녀들을 위해 "모든 것을 포기하는" 순교자들과 어떻게 다른가?

07 보다 앞선 성숙도를 지닌 사람들에게 우리가 아직 성취하지 못한 성숙의 과제에 대해 가르침을 청하는 것은 다음 단계의 성숙도로 나아가는 길을 촉진시킨다. 당신은 누구에게 이 같은 도움을 청할 수 있는가?

chapter 04
멈춰 버린 곳에서 다시 시작하라

사람들은 어떻게 성숙하는가?

우리는 이제 이 세 가지 인생모델(성숙, 회복, 소속감)이 어떻게 조화를 이루며 함께 역사하는지를 살펴볼 준비가 되었다. 우리는 이러한 요소들을 따로 떼어 놓고서는 도저히 이해할 수 없다. 사람들은 저마다 더욱 성숙해지고 싶어 하는, 그리고 진실한 마음으로 살고 싶어 하는 하나님이 주신 내면의 열망을 가지고 있다. 대개 성숙은 다른 두 영역에서의 결핍으로 인해 정체되는 경우들이 많다. 한 가지는 아직도 미해결된 외상의 회복이고, 또 한 가지는 생명을 주는 관계의 결핍이다.

98-102쪽을 보면 "인생모델: 성숙의 지표들"이라는 제목의

표들이 있다. 그 표에는 3개의 열이 있는데 그것은 각각 왼쪽부터 "개인 과제", "공동체와 가정의 과제", "과제 실패 시"이다. 성숙을 위해서는 두 요소가 필요하다. 첫째는 개인이 주어진 성숙의 과제를 완수하는 것이고, 둘째는 가정과 공동체가 그러한 성숙에 필요한 것들을 제공하는 것이다. 이 과제들이 완성되지 못하면 매우 심각한 문제가 야기될 수 있는데, 그 결과는 맨 오른쪽 열에 소개되어 있다.

한 개 열(세로) 안에 있는 각각의 과제가 같은 행(가로) 안의 다른 과제들과 어떻게 연관 되는지 자세히 살펴보기를 바란다. 이 표는 각 사람들이 성숙해 가는 과정이 얼마나 상호 연관되어 있는지를 극적으로 보여 줄 것이다. 가정과 공동체가 실패하면 가운데 열에 결핍이 나타나게 되는데 그 결과 "A 유형"(성숙에 필요한 무엇인가가 결핍된 상태)의 외상을 경험하게 된다. 성장하는 개인들이 모두 다 성숙의 과제(왼쪽 열)를 완수하는 것은 아니며, 그 결과는 역시 과제 실패 시 항목(오른쪽 열)에 나타나게 된다.

성숙의 지표는 외상 회복이 성숙과 어떻게 관련되어 있는지를 잘 보여 준다. 그리고 그것은 가정과 공동체가 제공하는 특별한 도움에 얼마나 의존하고 있는지도 명확히 보여 준다. 사람들은 자신이 먼저 공급받기 전에는 생명을 전해 줄 준비조차 할 수 없다. 가운데 열은 성숙의 훈련을 표시하며 왼쪽 열은 그것이 성취되었을 때를 나타낸다. 사람들이 각 단계를 통과하게 되면 그들은 비로소 다른 사람들이 동일한 과제를 완성할 수 있도록 도울 준비가 되는 것이다. 가정과 공동체가 젊은이들의 욕구를 충족시켜 주지 못하면 젊은이들은 적절하게 준비되지 못하게 되고, 그로 인해 오른쪽 열에 나타나게 되는 부족 현상은 가족과 공동체의 생명을 갉아먹는 결과를 가져오게 되는 것이다.

생명을 주는 사람으로 자랄 것인가 아니면 고갈시키는 사람으로 자랄 것인가? 가정과 공동체에 속한 사람들은 자녀들이 바로 이 두 가지 중 한쪽 방향으로 나아가도록 자극하는 환경을 만드는 사람들이다. 둘 중의 하나는 사랑의 유대관계에 의해 인도되며, 다른 하나는 두려움의 유대관계에 의해 인도된다. 생명을 주는 사람, 혹은 소진 시키는 사람으로 자라나도록 준비된 이 사람은 다음 세대를 향해서도 동일한 영향을 미치는 사람이 된다. 이 같은 방식으로 우리는 생명을 주는 자가 되든지 아니면 생명을 소진시키는 사람이 된다.

그러나 잘못된 훈련을 교정할 방법이 전혀 없다고 생각하지 말기를 바란다. 사람들은 자신들의 세계에서 적극적인 역할을 감당함으로써 역사를 창조한다. "창조하다"라는 이 단어는 매우 다양한 의미를 내포하고 있다. 사람들은 잘못된 훈련으로 야기된 허물들을 극복할 수 있다. 그들은 외상에서 치유될 수 있고,

그것은 아직도 훈련 중에 있는 이들의 삶의 질을 확연히 높여 줄 수 있을 것이다. 그것은 좋은 소식이다. 사람들은 정체 상태에서 벗어나 다시금 성숙의 여정을 계속 걸어가도록 서로를 도울 수 있다. 그러기에 성경이 서로 사랑하며, 서로의 짐을 대신 져 주고, 하나님의 가족의 적극적인 참여자가 될 것을 거듭 강조하는 것은 조금도 이상한 일이 아니다.

성숙의 지표 차트

성숙의 지표 맨 오른쪽 열에서 보는 것과 같이 멈춰버린 성숙의 폐해가 광범위하다는 사실을 발견하더라도 놀라지 말기를 바란다. 셰퍼드 하우스의 상담자들은 사람들이 도움을 청하러 올 때, 대부분의 경우 완수하지 못한 성숙의 과제가 생명을 주고받는 내담자의 능력을 제한해 온 것을 자주 보아왔다. 성숙에 대한 심도 깊은 연구는 우리에게 몇 가지 중요한 교훈을 가르쳐 주었는데, 그중에서 특별히 다음 여덟 가지 교훈은 당신이 성숙의 지표 차트를 공부할 때에 주목해 보아야 한다.

1. 모든 사람이 성숙을 바라지만 그것을 어떻게 얻는지, 어떻게 다른 사람을 가르칠 수 있는지 아는 사람은 그다지 많지 않다. 먼저 당신 자신이 성숙도를 높이는 법을 알고 있

는지, 혹은 다른 사람들의 성숙을 돕는 방법을 알고 있는지 자문해 보라. 그에 대한 대답이 부정적이더라도, 당신 혼자만 그런 것이 아니니까 너무 걱정하지 마라. 우리가 만나 대화해 본 대부분의 사람들이 성숙에 대해 전혀 할 말이 없거나 일정한 가이드 라인을 가지고 있지 않았다. 그것이 바로 우리가 인생모델에서 그토록 열심히 성숙의 문제를 다루려는 이유이다.

2. 미국의 문화는 전반적으로 성숙의 영역에 관하여 매우 취약하고, 불행히도 국민의 대부분이 유아와 어린이 수준의 성숙도를 가지고 살아가고 있다. 이 사실은 깨어진 우리의 가정들과 학대받고 유기당하는 자녀들, 심각한 수준의 폭력과 약물 남용 혹은 성 중독의 문제를 보면 확실히 알 수 있다. 이 같은 현실은 우리가 사람들에게 성숙에 대해 반드시 가르쳐야만 하는 중요한 이유가 된다.

3. 성숙은 영적 은사도 아니고 구원의 부산물도 아니다. 그것은 우리가 그리스도인으로서 평생 동안 힘써야 할 그 무엇이다. 구원, 축사, 치유, 속죄, 이 모든 것은 다 하나님의 영역이다. 하나님께서 우리를 위하여 은혜로 기적적으로 행하시는 일이지 우리 인간이 할 수 있는 일은 아무것도 없다. 그러나 성숙은 우리가 감당해야 할 영역이다. 야

고보서 1장 4절은 우리가 성숙해지고 온전해질 것에 대해 가르치고 있다.

4. 성숙 수준을 높이는 것은 효과적으로 리더십을 발휘하고 결혼과 자녀 양육에 성공할 가능성을 높혀 줄 뿐 아니라 만족도도 높여 준다. 우리는 구원받으면 자동적으로 성숙하게 될 것이라는 잘못된 가정을 하는데 이는 위험한 발상일 뿐 아니라 매우 비성경적이다. 비기독교인들이 기독교인들에 대해 회의적인 이유가 바로 이런 잘못된 믿음 때문이다. 그들은 묻는다. "왜 내가 그리스도인이 되어야 하지? 교회 안 다니는 친구들이 교회 다니는 친구들보다 내게 훨씬 더 잘(성숙하게) 대해 주는데?" 이와 같이 신앙과 삶의 괴리 때문에 불신자들은 그리스도인들에게 환멸을 느끼며 이렇게 말한다. "소위 그리스도인이라고 하는 사람들이 나를 그런 성숙하지 못한 태도로 대하다니 정말 믿을 수가 없어!" 높은 수준의 성숙도가 없다면, 그리스도인들은 효과적으로 복음을 전할 수 없을 뿐 아니라 그들의 결혼과 사역, 자녀 양육에도 어려움을 겪게 될 것이다. 그리스도인들은 성숙을 위하여 부름 받았고, 또한 이를 위해 지속적으로 노력할 필요가 있다. 그들 자신들의 삶을 위해서 뿐만 아니라, 그들이 속한 교회들이 성숙한 공동체로부터

오는 풍성함을 경험할 수 있도록 하기 위하여 말이다.

5. 사람의 신체적 나이나 발달의 단계가 그의 성숙 단계를 결정해 주지는 못한다. 각 단계별로 배열된 성숙 지표의 연령은 열거된 과제가 처음으로 성취될 수 있는 기간을 의미한다. 그 과제들이 이후 단계에서 성취된다고 해도, 그것은 여전히 좋은 것이다.

6. 각 단계는 이전 단계의 필요와 과제를 모두 포함한다. 성숙이란 전 단계의 경험 위에 세워나가는 건축물과 같다. 만약 당신이 대수를 가르친 적이 있다면 이것이 무엇을 의미하는지 알 것이다. 새로운 과를 배우기 위해서는 이전 과정을 잊지 않고 있어야 한다. 그렇지 않으면 새로운 과를 이해할 수 없기 때문이다. 성숙은 각 단계에 따라 차례대로 이루어져야 하는데 그렇지 않으면 사람들은 자신들이 서 있는 그 자리에 그대로 멈춰 설 수밖에 없게 될 것이다.

7. "가족"의 부재나 해결되지 않은 외상의 고통은 성숙의 과정에 심각한 장애가 될 수 있다. 3부와 4부는 이러한 장애를 제거하는 것에 대해 논의할 것이다.

8. 성숙이 한 사람의 가치를 높여 주거나 그것을 결정하지는 않는다. 당신이 어떠한 성숙의 단계에 있든 상관없이 당신은 여전히 소중하다.

성숙을 추구할 용기를 가지라

만약 당신에게 자신의 성숙 단계에 장애가 있다는 것을 솔직히 인정할 수 있는 용기가 있다면, 이 표를 공부할 때에 큰 유익을 얻게 될 것이다. 이 표의 목적은 당신이 얼마나 성숙했는지를 증명하는 데 있지 않다. 이 표의 목적은 우리의 연약한 부분을 밝혀내고, 그 부분을 개선함으로써 더욱 성숙한 존재로 변화되도록 돕는 것이다. 이 표가 각 성숙의 단계와 관련된 과제 전부를 나타내는 것은 아니다. 단지 각 발달 단계에서 필요한 행동의 핵심 영역을 나타낸 것일 뿐이다.

당신 자신의 성숙에 진보를 이룰 수 있는 길을 분별할 수 있도록, 그리고 당신 주변에 성숙이 필요한 사람들을 더 잘 양육할 수 있도록 개인적인 지혜를 구하라. 당신을 알고 사랑하는 사람들로부터 당신의 성숙에 대한 피드백을 얻는 것은 매우 유익하다. 그들은 당신이 당신 자신을 더 잘 볼 수 있도록 돕는 거울이 될 수 있다.

당신은 자신의 성숙 과정에서 결핍된 부분들을 발견하게 되겠지만, 하나님의 능력과 관계의 기름 부으심을 통한다면, 적절한 성숙을 이루어 낼 수 있을 것이다. 각 개인이 생명을 주고받으며, 서로에게 도움을 베풀게 될 때 공동체는 마땅히 감당해야 할 사명을 성취하며 기능하게 된다. "성숙하기" 위해서는 개인이 감당할 몫이 있고, 가정이 감당할 몫이 있으며, 공동체가 감당할 몫이 있다. 성숙의 단계 가운데 부족함이 발견되더라도 사람들은 그 자신의 의지와 타인들의 도움, 그리고 하나님의 능력으로 부족함을 채우고 따라잡을 수 있다.

당신은 자신과 다른 사람들을 위해 더 나은 인생을 개척할 수 있다. 성숙의 지표를 살펴보고, 당신이 갖고 있는 두려움이 무엇인지 생각해 보라. 아마도 그 두려움은 B형 외상으로부터 얻게 된 끔찍한 느낌들을 다시 경험하지 않게 하기 위해 당신을 보호하고 있는지도 모른다. 그 두려움은 당신을 어린아이의 성숙 수준에 멈춰 있게 만들고, "힘든 일들을 해낼 수 있는" 자신감을 잃게 만들 것이다. 어쩌면 당신의 우울증은 어딘가에 소속되는 것을 싫어하고 혼자 있기를 좋아하는 A형 외상으로부터 기인한 것일 수 있다. 미성숙은 당신의 마음의 독특한 특징을 짓눌러 버릴 수 있다. 그러나 당신이 성숙에 이르기 위해 노력한다면, 당신의 마음이 가지고 있는 진정한 특성들이 당신 자신과 주위 사람들에게 점점 더 확연히 드러나게 될 것이다. 앞서 진술한 바와 같이 성숙도가 증가하면, 이에 따라 결혼생활과 자녀 양육, 그리고 리더십의 영역에서 성공하게 될 가능성도 더욱 높아진다. 우정은 더욱 깊어지고, 더욱 만족스러운 대인 관계를 맺게 된다. 당신은 성숙도를 증진시킴으로써 예수님께서 주신 마음을 가지고 더욱 만족스러운 삶을 살게 되는 것이다.

인생모델: 성숙의 지표들

유아기 단계
- 0~3세
- 신생아와 유아들이 여기에 해당됨. 자신이 원하는 바를 효과적으로 표현할 수 있는 나이
- 이 기간의 최우선 성취 과제 : 받는 법을 배우는 것
- 과제 실패 시 성인기에 일차적으로 야기되는 문제 : 사람들과의 관계가 약해지거나 굴곡이 심해짐

개인 과제	공동체와 가정의 과제	과제 실패 시
1. 기쁨으로 산다: 기쁨의 능력을 배양하며, 기쁨이 인간의 정상적인 상태임을 배우고, 기쁨의 힘을 배양한다.	부모는 유아가 아름답고 독특한 존재임을 기뻐한다.	약한 자기 정체성을 갖게 되며, 두려움과 냉담함이 다른 이들과의 관계를 지배한다.
2. 신뢰를 발달 시킨다.	부모는 유아와 강한 사랑의 유대를 형성한다 – 무조건적인 사랑의 연대.	사람들과 유대감 형성이 어렵다 – 흔히 상대를 조종하려 하거나 자기중심적이며, 고립적이거나 불만으로 가득찬 성격을 갖게 된다.
3. 받는 법을 배운다.	유아가 요청하지 않아도 그의 필요를 따라 돌보아 준다.	수줍음이 많고, 유리되어 있으며, 자기 자극적이고, 외부 자극에 둔감하다.
4. 관계를 통해 개인의 자아를 형성하기 시작한다.	유아의 행동과 성격을 주의 깊게 관찰함으로써 그가 가진 독특한 정체성에서 나오는 특징을 발견한다.	감정을 조절하는 능력을 갖지 못한다.
5. 어떤 불쾌한 감정에서도 기쁨으로 돌아오는 법을 배운다.	어려운 때에도 충분히 안전한 동반자 관계를 제공해 줌으로써 유아가 다른 감정들로부터 기쁨을 회복할 수 있도록 돕는다.	통제 불가능한 감정의 폭발, 과도한 염려와 우울증을 갖게 된다. 특정한 감정을 회피하거나 그 안에 갇혀 버린다.

아동기 단계
- 4~12세
- 12세는 이 단계가 완성될 수 있는 가장 빠른 나이
- 이 기간의 최우선 성취 과제 : 자기 자신을 돌보는 것
- 과제 실패 시 성인기에 일차적으로 야기되는 문제 : 자신에 대해 무책임함

개인 과제	공동체와 가정의 과제	과제 실패 시
1. 필요한 것을 요청하며, 본인이 생각하거나 느끼는 점을 말할 수 있다.	어린이에게 필요를 적절히 표현하도록 가르치고 허용한다.	필요가 충족되지 못함으로 인해 지속적인 좌절과 실망을 경험한다. 대개 수동적이며 공격적인 사람이 된다.
2. 무엇이 개인적인 만족을 가져오는지 배운다.	자신이 한 행동의 결과를 평가하도록 돕는다. 또한 자신을 만족스럽게 하는 일이 무엇인지 알아내도록 돕는다.	자신을 만족시키는 일이 무엇인지 알아내려고 필사적으로 애쓰다가 약물, 성, 돈, 권력 등에 사로잡히거나 중독된다.
3. 어려운 일을 끝까지 해낼 줄 아는 인내심을 기른다.	어린이가 하고 싶어 하지 않는 어려운 과제에 도전하도록 격려한다.	실패를 경험하고, 그 가운데 그대로 정체되어 있으며, 신뢰받지 못하는 사람으로 남는다. 편안하고 환상을 좇는 삶에 빠져 버린다.
4. 개인적 자원과 재능을 발달시킨다.	어린이의 독특한 재능을 발달시키고, 흥미를 유발시킬 수 있는 기회들을 제공한다.	하나님이 주신 능력에도 불구하고, 비생산적인 활동들로 삶을 낭비한다.
5. 자신을 알고 다른 이들에게 자신을 이해시킬 책임을 진다.	어린이의 마음이 가진 독특한 특징을 발견하도록 인도한다.	진정한 정체성을 갖는데 실패한다. 정체성을 왜곡시키는 외부의 영향에 순응한다.
6. 인생이 무엇인지 "큰 그림"을 이해하고, 역사 속에 내가 어떻게 참여할 수 있는지 이해한다.	어린이들에게 가족의 역사와 하나님의 가족의 역사를 가르친다.	역사로부터 분리된 느낌을 가지며, 반복되는 가족의 거짓말과 역기능으로부터 자신을 보호하지 못한다.

성인기 단계
- 13세~첫아이의 출생
- 13세는 성인 수준의 단계가 성취될 수 있는 가장 빠른 나이
- 이 기간의 최우선 성취 과제 : 동시에 두 사람을 돌보는 것
- 과제 실패 시 성인기에 일차적으로 야기되는 문제 : 상호 만족스러운 관계를 형성하는 능력이 결여 됨

개인 과제	공동체와 가정의 과제	과제 실패 시
1.상호 만족스런 관계 속에서 자신과 타인들을 동시에 돌볼 줄 안다.	공동체 생활의 기회를 제공한다.	자기중심적이며, 타인들을 불만과 좌절에 빠지게 한다.
2.힘든 상황에서 안정을 유지한다. 자신과 타인의 기쁨을 회복하는 법을 안다.	젊은 성인들이 어려운 시기를 잘 통과할 수 있도록 지지해 준다.	동료의 압력에 순응한다. 부정적이고 파괴적인 집단 활동에 참여 한다.
3.동료들과 유대감을 형성하며 집단 정체성을 발달시킨다.	동료들과 유대감을 형성할 수 있는 긍정적인 환경과 활동들을 제공한다.	고립된 성향을 지니며 혼자 있기 좋아하는 사람이 된다. 과도하게 자신의 중요성(self-importance)를 나타낸다.
4.타인에게 영향을 미치는 개인의 행동에 대해 책임을 진다. 타인을 그 자신으로부터 보호하는 것도 포함한다.	젊은 성인들에게 그들의 행동이 다른 사람들과 나아가 역사에도 영향을 미친다는 사실을 가르친다.	타인을 지배하고, 해를 끼치며, 그들을 비난하고, 보호하지 못하는 사람이 된다.
5.공동체에 기여한다. 공동체에 소속된 일원으로서 "우리가 누구인지"를 분명히 표현할 수 있다.	공동체의 중요한 과제에 참여할 기회를 제공한다.	공동체에 생명을 공급하는 기여자가 되지 못한다. 자기 자신에만 열중하고 타인들을 이용한다. 사회를 고갈시킨다.
6.진지한 방식으로 개인의 마음의 특징을 더 잘 표현한다.	자신의 진정한 자아에 대해 긍정하고 수용하면서 동시에 개인으로서 책임 있게 행동하도록 한다.	"역할놀이"를 하는데 열중하며, 세상 속에 자신을 증명하려 한다. 결과를 얻어냄으로 인정받기를 추구한다.

부모기 단계
- 첫아이의 출생~막내가 성인이 될 때
- 이 기간의 최우선 성취 과제 : 희생적으로 자녀 돌보기
- 과제 실패 시 일차적으로 야기되는 문제 : 가족관계가 소원해지거나 갈등을 겪게 됨

개인 과제	공동체와 가정의 과제	과제 실패 시
1.가족을 보호하고 섬기며, 즐거워 한다.	공동체는 부모가 희생적으로 그 가족을 돌볼 수 있는 기회를 제공한다.	가족 구성원들이 (1)위험에 처하거나 (2)결핍을 경험하고 (3)무가치하거나 중요하지 않게 느껴진다.
2.성장한 자녀로부터 미래에 돌아올 보상을 기대하지 않고, 헌신적으로 자녀를 돌본다.	공동체가 헌신적인 자녀 양육을 장려한다.	자녀들이 부모를 부양해야 할 상황이 되지만, 그것은 불가능하며, 결국 (1)어린이가 학대/무시를 당하게 되거나 (2)자녀가 "부모화" 됨으로써 성숙이 촉진되기보다는 멈춰 버리게 된다.
3.자녀를 위하여 영적 부모와 형제를 허용하고 제공한다.	공동체는 자녀와 확대된 영적 가족들이 좋은 관계를 맺도록 독려한다.	어린이들은 동료들의 압력, 이단, 그리고 기타 미신에 취약해진다. 인생의 목표 달성에 성공하기 어려워진다. 부모들은 확대 가족들의 지지를 받지 못함으로 양육에 압도 당해 고생한다.
4.어려운 시기를 통과하며 자녀들을 부양하는 법을 배운다. 다른 감정으로부터 기쁨을 회복하는 법을 배운다.	부모들에게 격려와 안내, 휴식, 재충전의 기회를 제공함으로써 돕는다.	가족은 절망적이고, 우울해지며, 해체의 위기를 맞게 된다.

노년기 단계
- 막내가 성인이 되기 시작한 때
- 이 기간의 최우선 성취 과제 : 희생적으로 공동체 돌보기
- 과제 실패 시 일차적으로 야기되는 문제 : 공동체의 전체적인 성숙도에 쇠퇴가 일어남

개인 과제	공동체와 가정의 과제	과제 실패 시
1.공동체의 정확한 정체성을 확보한다. 어려움 가운데에서도 자신 있게 행동한다.	공동체가 노인들의 존재를 인정한다.	무의미함과 무질서가 개인을 지배하게 되고, 방향감각을 상실하게 되며, 정부로부터 가족에 이르기까지 모든 사회 구조가 붕괴된다.
2.각각의 공동체 성원을 존중한다. 각 개인 안에 있는 진정한 자아를 즐긴다.	노인들이 다른 성숙 단계에 있는 많은 사람들과 함께 활동할 수 있도록 기회를 제공한다.	생명을 주는 상호 작용과 상호 의존은 줄어들고, 공동체의 성장은 방해 받는다 약하고 위험에 처한 사람들을 치유하거나 생존하게 만드는 일을 그만 두게 된다.
3.공동체를 돌보고 성숙시킨다.	노인들도 자신들의 일을 할 수 있도록 돕는 구조를 창조한다. 또 사람들이 매 성장 단계에서 다른 단계의 사람들과 적절하게 상호 교류하게 하고, 성숙의 지혜를 듣도록 한다.	노인들이 이끌지 못하면, 자격 없는 사람들이 이끌게 된다. 결국 공동체 안에 미성숙한 상호 작용들이 일어나게 된다.
4.영적 입양을 통하여 가족이 없는 사람에게 생명을 준다.	가족이 없는 사람들에게 영적 가족이 되는 것에 대해 높은 가치를 부여한다.	"가족이 없는 사람"들이 개인적으로 돌봄을 받지 못할 때 가난, 폭력, 위기, 범죄, 정신질환이 증가한다.

스터디 가이드

01 하나님이 주신 성숙에 대한 우리 내면의 갈망을 가로막는 두 가지 요소는 무엇인가? 이것이 당신에게 어떤 의미가 있는지 설명해 보라.

02 성장과 성숙이 적절하게 이루어지기 위해 개인과 공동체 사이에 생명을 주고받는 지속적인 사이클이 일어나야 하는데, 이것에 대해 당신이 이해하고 있는 바를 말해 보라.

03 "우리들 중 대부분의 사람들은 유아나 어린이 수준의 성숙도를 가지고 살아간다"는 진술에 대해 당신은 동의하는가? 왜 그런가 혹은 왜 그렇지 않은가?

04 미성숙한 그리스도인들이 예수님과 교회의 평판에 어떤 영향을 미쳤다고 생각하는가? 이에 대해 당신은 어떤 경험을 가지고 있는가?

05 왜 성숙의 과제들은 반드시 연속적으로 성취되어야만 하고, 이전의 발달 단계 위에 차례로 쌓아 올라가야 한다고 생각하는가?

06 성숙의 지표 차트에서 각각의 성숙도를 잘 읽어 보고 당신이 완수한 성숙의 과제들을 표시해 보라. 당신의 나이와 개발한 기술들에 비추어 볼 때, 당신은 현재 자신이 어느 정도의 성숙 수준에 도달했다고 말할 수 있겠는가? 그 결과에 대해 어떻게 생각하는가?

07 현재의 성숙 수준에 상관 없이 당신은 소중한 존재이다. 이것이 당신에게 어떤 깨달음을 주는가?

⊙ 원한다면 '성숙의 기술 측정' 양식을 joystartshere.com에서 무료로 다운 받을 수 있습니다.

chapter 05

두려움에서 사랑으로 옮겨 가라

두려움의 유대관계(bonds)와 사랑의 유대관계(bonds)

사람들은 성숙함에 이르기 위해서 서로 간의 유대관계를 필요로 한다 – 그것은 성숙이 이루어지는 기초가 된다. 든든한 유대는 우리에게 힘을 실어 주고, 행동에 동기를 부여해 주며, 정체성을 세워 주는 연결고리와도 같은 것이다. 우리는 유대관계 속에서 영향을 주고받으며 무엇이 진정으로 소중한지를 깨닫게 된다. 세상에는 서로 양립할 수 없는 두 가지 종류의 유대관계가 있다. 하나는 두려움에 기반한 것이고, 또 다른 하나는 사랑에 기반한 것이다. 두려움의 유대관계는 부정적인 느낌과 고통을 회피하려는 욕구를 중심으로 형성된 것이다. 사랑의 유대관계는 욕망과 기쁨, 그리고 우리에게 소중한 사람들과 함께 하고 싶어 하는 마음을 중심으로 형성된 것이다. 두려움의 유대관계는 사람들로 하여금 거절과 두려움, 수치심, 모욕감, 버림 받음, 죄책감 또는 신체적 학대 등의 고통을 회피하도록 만든다. 사랑의 유대관계는 사람들로 하여금 진리와 가까움, 기쁨, 평안, 오래 참음, 친절, 그리고 진실한 구제 안에 살도록 동기부여를 한다(124쪽의 표를 참고하라).

사람들이 사랑의 유대관계를 맺으면, 그들 사이에 특별한 종류의 에너지가 흐르게 된다. 눈이 마주치면, 두 사람 모두에게 에너지를 공급하는 생기가 넘쳐 흐르게 된다. 그들은 서로 간의 특별한 친밀함을 나누기 원하기 때문에 함께 있는 시간을 늘 고대한다. 반면 두 사람이 두려움의 유대관계를 맺으면, 함께 하는 시간이 가까워질수록 불안감이 상승하게 된다. 혹은 반대로 서로 떨어져 있을 때 불안감이 발생하기도 한다.

성장기에 경험한 두려움의 유대관계와 사랑의 유대관계는, 우리가 스스로를 동기부여 시키는 방식을 결정한다. 우리가 두려움에 가득 차 있을 때, 예를 들어 제시간에 작업을 끝내지 못했거나 몸무게를 빼지 못했을 때, 혹은 돈을 저축하지 못했거나 배우자가 화내는 것을 막지 못했을 때, 무슨 일이 벌어지겠느냐고 자문하며 스스로를 위협한다. 우리는 일이 잘못되면 어떻게 해야 하나 걱정한다. 염려하고, 죄책감을 느끼며, 수치심으로부터 벗어나고자 다른 사람들을 탓하기도 한다. 그리고 바로 이때 정서적 마비를 경험하게 되고, 자신이 가진 잠재력보다 훨씬 못 미치게 행동을 하게 되는 것이다.

반면, 사랑의 유대관계는 윽여쌈을 받는 중에도 여전히 신실하고, 타인이 가진 잠재력을 모두 발휘할 수 있도록 돕는다. 또한 사랑하는 이들에게 가까워지기 위해 고통을 감수하게 하고, 아픔을 줄지라도 진실을 말할 수 있도록 동기를 부여한다. 우리는 하나님께서 다른 이들을 어떻게 바라보시는가를 생각한다. 또한 우리는 주목하고 헌신해야 할 더욱 중요한 것들이 있음을 알기에 두려움에 의해 지배 받지 않는다. 사랑에는 두려움이 없고, 온전한 사랑이 두려움을 내어 쫓기 때문이다.

두려움의 유대관계와 사랑의 유대관계는 가족이나 개인과의 관계 속에 동시에 존재할 수 있지만, 결국에는 둘 중 하나가 더 큰 영향력을 행사하게 된다. 그리고 그 두려움이나 사랑이 자라나면 나중에는 그 인격 전체를 지배하게 되거나 온 가족을 지배하게 될 수도 있다. 성장하고, 치유되고, 성숙해져 감에 따라, 우리는 점차 두려움의 유대관계를 벗어버리고 사랑의 유대관계를 맺게 된다. 우리는 재앙을 피하려는 두려움에 이끌려 살아가기보다 소망하는 목적이 이끄는 삶을 살게 된다. 우리가 두려워해야 할 유일한 존재는 하나님뿐이다. 하나님을 경외하며 그분만을 주목할 때, 우리는 어제나 오늘이나 하나님이 우리를 사랑하신다는 사실을 발견하게 될 것이다.

두려움의 동기에서 사랑의 동기로 바꾸기

우리의 방향과 목적은 생각으로부터 나오고, 동기는 감정으로부터 나온다. 사람들은 바른 생각과 믿음을 키우기 위해 많은 노력을 기울이지만, 막상 그들의 동기를 온전하게 만들기 위해 훈련하고 노력하는 사람은 그다지 많지 않다. 신경학적으로 보았을 때, 두려움보다는 사랑과 욕망에 의해 동기부여 되었을 경우에 마음은 더 잘 작동한다. 윤리적인 관점에서 보았을 때에도 사랑이 훨씬 우월하다. 온전한(그리스어로 teleios) 사랑이 두려움을 내어 쫓는다(요일 4:18).

우리가 적절하게 성숙의 단계에 이르지 못하면, 두려움의 동기가 슬슬 끼어들기 시작한다. 우리는 유아기 때에 친밀한 관계를 통해서 처음으로 동기를 부여 받기 시작한다. 부모들이 우리에게 동기를 부여하기 위해 어떤 감정을 자극하든지 간에 그것은 우리의 내면에 동기를 불러일으키는 자원이 된다. 만약 어린 시절에 맺은 관계가 사랑으로 형성된 것이라면 그것들은 우리에게 큰 도움이 될 것이다. 그러나 만약 그 관계가 두려움과 고통에 대한 회피를 통해 형성된 것이라면 우리의 동기부여 시스템은 미성숙한 모양으로 남아 있게 될 것이다.

두려움의 유대관계는 자기 보호(self-preservation)의 시도가 실패한 결과로 생겨난다. 우리는 마땅히 두려움의 감정을 가질 필요가 있는데, 그 이유는 그것을 통해 우리 자신을 보호할 수 있기 때문이다. 그러나 두려움이 생애 초기의 관계를 지배하고, 우리가 그 두려움을 도저히 벗어날 수 없다고 느끼게 되면, 두려움은 우리 삶을 이끌어 가는 가장 주된 인도자가 된다. 우리는 자기 보호 본능에 의해 점점 더 고통을 회피하기 시작한다. 일단 고통을 회피하는 것이 주된 관심사가 되고 나면, 우리는 자신의 능력을 뛰어넘는 실제적인 위험이 발생하지 않았음에도 불구하고 고통을 회피하는 데에만 급급하게 되는 것이다.

두려움에 사로잡히거나 고통을 회피하고자 하는 마음으로 동기부여 된 사람은 주로 다음과 같이 생각하고 말한다.

- "만약 그 사람이 화를 내면 어쩌지요?"
- "화 내실 거예요?"
- "~ 할까 봐 걱정이 되네요."
- "그렇게 되면, 저는 정말 당황하게 될 겁니다."
- "당신 정말 나를 화나게 하는군요!"

- "내가 그를/그것을 그만두게 하겠어!"
- "이럴 땐 정말 못 참겠어!"
- "그런다고 뭐가 달라지겠어요?"

이제 우리는 고통을 회피하는 문제에 대해 진지하게 질문해 보아야 한다.

내가 자신이 아닌 것처럼 굴거나 행동한다면, 그것이 진정으로 나를 보호하는 행위인가?

내가 내면의 자신과 동일하게 말하거나 행동하지 않는다면, 나의 "자아"는 이미 실종된 것이 아닐까? 내가 원하고, 느끼며 혹은 생각하는 것이 무엇인지 더 이상 알 수 없다면, 나는 이미 "자아"를 잃어버린 것이 아닐까?

우리는 다른 사람들에게 영향을 미치는 것을 두려워한다. 우리는 어떤 것이 나로부터 나온 두려움이고, 어떤 것이 다른 사람들로부터 나온 두려움인지 혼란스러울 때가 있다. 불안해하는 사람 곁에 있으면 우리도 덩달아 초조해진다. 우리는 물러서고, 달래 주며, 즐겁고 기쁘게 해 주려 한다. 그렇게 하지 않으면 무슨 일이 일어날지 알 수 없기 때문에 두려운 마음에서 자기 몫이 아닌데도 스스로 책임을 지려고 한다. 우리는 늘 자신이 부적절하다고 느낀다. 자신을 보호하려다가 결국 자신의 영혼을 잃고 마는 것이다.

또한 우리는 통제력을 잃을까 봐 두려워서 다른 사람들이 지도력을 발휘하는 것을 두려워한다. 우리는 분노와 멸시, 거절, 비웃음, 신체적 폭력, "침묵요법"(silence treatment) 혹은 고통을 안겨 주는 다양한 방법을 통해 우리 주변 사람들을 통제한다. 우리는 우리 자신의 고유한 맛을 잃어버리고 말았다. 우리는 더 이상 세상의 빛이 아닌 것이다.

이제, 두려움의 유대를 사랑의 유대로 바꾸는 법을 배우기 전에 건강한 정체성이 각각의 성숙 단계에서 어떻게 두려움을 다루는지 살펴보도록 하자.

각각의 성숙 단계에서 두려움의 유대관계를 피하는 법

1. 유아기의 성숙 단계

   a. 두려움을 인식한다(내가 진정으로 두려워하는 것은 무엇인가).

   b. 두려울 때 누구와 함께 있기를 원하는지 안다.

   c. 내가 원하는 것이 무엇인지 발견한다(욕망).

   d. 자신의 두려움에 대해 이야기한다.

2. 아동기의 성숙 단계

    a. 두려운 상황 가운데서 자신의 역할을 인식한다.

    b. 두려운 상황 가운데서 다른 사람의 역할을 인식한다.

    c. 내가 처한 현실을 확인할 수 있도록 제 3자에게 요청한다.

    d. 자신의 책임을 남의 책임으로부터 분리한다(a+b).

    e. 다른 사람들을 조종하기보다 자기 자신이 되는 법을 배운다.

3. 성인기의 성숙 단계

    a. 다른 사람들이 두려움을 갖는 것을 허용하면서 관계 안에 머문다.

    b. 다른 사람들이 두려움을 갖는 것에 대해 아무것도 하지 않는다 – 그들 자신이 그 감정을 처리할 수 있도록 허용한다.

    c. 자기만의 방식대로 자신의 문제를 해결한다.

    d. 자기 자신과 다른 사람들에게 공통된 목표와 욕망을 상기 시켜 준다.

두려움의 감정을 처리하는데 있어서 성인과 그 이상의 성숙 단계에는 큰 차이점이 있다. 이 단계에 이르기까지 모든 사람은 다른 사람의 것이 아닌 자기 자신의 두려움만 책임지면 된다. 어떤 두려움이 내 것이고, 어떤 두려움이 남의 것인지 구별해 내는 여러 해 동안의 훈련 없이 두려움을 처리하는 더 높은 단계로 옮겨 가게 되면, 책임감에 대한 혼란이 생기게 된다. 성인의 성숙 단계나 그보다 아래 단계에 있는 사람이 자신의 두려움을 처리하는 책임을 넘어서서 타인이 두려움을 극복하도록 도우려 나서는 것은 역기능의 주요한 징후가 된다. 심지어 부모라 할지라도, 부모와 자식간의 관계 이외에 다른 사람의 두려움을 짊어지려 하는 것은 역기능적이다.

부모들은 자녀들에게 두려움의 유대관계를 형성하지 않도록 주의해야 한다. 부모들은 자녀들의 심력을 강화시켜 주기 원하기 때문에, 자녀들이 두려움에서 기쁨으로 돌아가도록 돕기를 원하고, 감당할 수 있는 감정의 수준 안에서 그들이 자신답게 행동하도록 가르치기를 원한다.

4. 부모기의 성숙 단계
   a. 자신에게 맡겨진 사람들(자연적, 그리고 영적 가족들)을 돕는다.
   b. 더 어린 사람들이 느끼는 두려움에 대해 일부 책임을

공유한다.
c. 더 어린 사람들이 느끼는 두려움의 정체를 파악한다.
d. 더 어린 사람들이 기쁨과 평안으로 복귀되도록 돕는다.

5. 노년기의 성숙 단계
   a. "위기에 빠져" 고립되어 있는 소외된 사람들을 돕는다.
   b. 공동체가 느끼는 두려움의 정체를 파악한다.
   c. 공동체로서 어떻게 대처하는 것이 옳은지 기억하게 한다.
   d. 불안해 하지 않고 차분하게 대처한다.

우리가 잘 아는 바와 같이 노인들은 공동체 전체의 부모처럼 행동한다. 그들은, 사람들이 혼자가 아니며 두려운 상황 가운데서 "우리 공동체"에 무엇이 진정으로 중요한지 잘 알고 있기 때문에, 공동체가 마주하고 있는 두려움을 인식하고 직면할 수 있도록 최소한의 안전감을 제공할 수 있다.

성숙의 단계에 따라 두려움에서 사랑으로 옮겨 가기

두려움에서 사랑으로 옮겨 가기 위해, 우리는 성인의 단계에서 먼저 시작할 것이다. 만약 우리가 이 단계에서 문제를 해결할 수만 있다면, 그것이 가장 쉬운 작업이 될 것이다. 성인은 다르게 생각하고 다르게 판단한다.

1. 자신 있게 당신 자신이 되라. 당신 자신의 일만을 돌아보라. 불안해 하는 사람들과 계속 관계를 맺더라도, 그들의 문제에 관여하지는 마라. 위협과 두려움을 느끼는 동안에도 중요한 공통의 목표에 대해서 이야기하라.

만약 이 성인의 해법이 효과가 있다면, 두려움의 유대 문제를 해결한 것이다. 그러나 이것은 다른 사람들이 그에 대한 반응으로 다시는 압력을 가하거나 두렵게 하는 것을 멈추게 되리라는 뜻은 아니다. 이후로도 더욱 강한 압박과 두려움 속에서 문제 해결의 과정을 거칠 수 있다.

만약 여전히 두려움을 느끼며, 어떻게 성인다운 해결책을 사용해야 할지 상상하기 힘들다면, 우리는 좀 더 깊숙이 내려가 두려움의 유대관계를 형성하게 한 더 어린 시절의 문제를 다루어야 한다. 먼저 아동기의 성숙단계에서 확보했어야 할 기술들을 확인해 볼 필요가 있다. 아동기의 성숙 단계에서 두려움의 유대관계를 해결하는 것은 단순히 다르게 사고하고 선택하는 차원을 넘어선다. 이 해결책은 더 오랜 시간이 걸리고, 많은 연구가 필요하며,

다른 사람의 상담을 필요로 한다. 이때는 "내 것"과 "당신의 것"을 구별하는 문제를 해결하는 데에 많은 관심을 기울여야 한다. 상담과 격려 없이는 이와 같은 문제들을 해결할 수 없다.

2. 조심스럽게 당신의 책임을 규정하라. 당신이 느끼는 요구들을 살펴보고, 그중 어떤 것이 논리적으로 당신이 감당할 것인지, 그리고 어떤 것이 불합리하게 요구되는 것인지 살펴보라. 당신의 판단을 다시 확증해 줄 수 있는 자격 있는 사람을 찾으라. 다음으로, 다른 사람의 문제와 두려움을 해결해 주려고 할 때 입장을 분명히 해야 한다. 문제를 해결할 때 어떤 것이 당신의 역할이고, 어떤 것이 다른 사람의 역할인지 분명하게 말할 수 있어야 한다.

3. 화를 내거나 화를 낼 것이라고 위협함으로써 당신을 조종하는 사람이 있는지 살펴보라. 만약 당신이 조종을 당하고 있다면, 자신의 책임과 경계선에 대해 차분하고 분명하게 말할 수 있을 때까지 2단계로 되돌아가 있으라.

4. 당신이 화를 내거나 화를 내겠다고 위협함으로써 누군가

를 조종하려고 시도하고 있지는 않나 잘 살펴보라. 만약 그렇다면 역시 자신의 책임과 경계선에 대해 차분하고 분명하게 말할 수 있을 때까지 2단계로 되돌아가 있으라. 만약 당신이 여전히 두려움에 사로잡혀 있고, 또 자신의 책임과 한계에 대해 다른 사람들에게 분명하게 말하거나, 말하는 것을 상상할 수 없다면 우리는 더 깊숙이 들어가 유아의 성숙 수준에서 문제를 해결하고 필요한 기술들을 개발시켜야 한다. 유아의 단계에서 두려움의 유대관계가 형성되면, 사람들은 스스로 문제를 인식하지 못하고, 인식한다 해도 그 두려움이 너무나 커서, 그것을 자유롭게 공개적으로 말하는 것조차 불가능하다.

5. 경험이 많은 사람의 도움을 받아 내가 진정으로 두려워하는 것이 무엇인지 알아내도록 한다. 흔히 내가 두려워하는 것은 보이는 것과 달리 오늘날의 현실에서 동떨어져 있는 경우가 많다. 내가 해야 할 일을 못하고 있지 않나 염려하지만, 실상은 누군가가 내게 화를 내거나 나를 비웃지 않을까 불안해 하는 것이다. 어린 시절의 경험 때문에 남들이 비웃는 것을 견디지 못할까 봐 두려운 것이다.

6. 나는 내가 두려울 때 누구와 함께 있기를 원하는지, 그리고 그 사람이 나에게 혹은 나를 위해 무엇을 해 주기 원하는지 발견해야 한다. 나에게는 압도당하지 않으면서 두려움을 잘 처리할 수 있는 사람, 내가 인지하는 위협 대신에 나 자신에게 집중할 수 있도록 도와줄 수 있는 사람이 필요하다.

7. 나의 목표와 가치가 무엇인지 분명히 표현할 수 있도록, 내가 무엇을 진정으로 원하며, 현재 상황에서 가장 중요한 것이 무엇인지 발견해야 한다.

8. 나는 두려움을 느낄 때에도, 내게 중요한 것이 무엇인지 말하는 법을 반드시 배워야 한다.
또 나는 나를 두려워하거나 내가 두려워하는 사람 앞에서도 나의 가치와 목표, 그리고 선호하는 바에 대하여 말할 수 있게 될 때까지, 덜 위협적인 상황 속에서 말하는 것을 연습하며, 적절한 단어를 찾을 수 있도록 인내심을 갖고 도와 줄 사람이 필요하다. 나의 정체성을 규정하고 표현하는 이와 같은 과정은 우리의 정체성이 성숙해지고, 견고해질수록 더욱 쉬워진다. 우리가 더 많이 성장할 수록, 두려움의 유대관계에서 사랑의 유대관계로 옮겨 가기 쉬워진다.

성숙, 회복, 그리고 소속감은 함께 일한다.
치유와 성장이 지속되기 위해서는 소속감과 회복이 성숙으로부터 분리되어서는 안 된다. 이 세 가지가 어떻게 상호 작용하는지를 잘 보여 주는 한 사람의 예가 있다.

제리(Jerry)가 상담에 들어갔을 때 그는 매우 절망적인 상태였고, 자기 파괴에 이르기 직전의 상태에 놓여 있었음에도 불구하고 가족으로부터 어떤 지원도 받지 못하고 있었다. 중년의 제리는 크게 상처 받았고, 두려움과 분노로 가득 차 있었다. 어렸을 때 그는 폭력적인 주정뱅이 아버지로부터 신체적, 정신적 학대를 당했다. 또한 나쁜 이웃들로부터 반복적으로 성적 학대를 당했으며, 극도의 상실감과 주변의 멸시로 고통을 받아 왔다. 그는 그 학대로부터 탈출하기 위해 17세 때 집을 떠나 다른 나라로 이주했다. 그리고 성숙에 필요한 개인적 기술을 개발할 수 있는 유년 시절의 기회를 놓쳐 버린 채 살아갔다. 때론 생계를 위해 비윤리적인 직업을 갖기도 했다. 30세가 되었을 때 그는 자신이 에이즈에 걸린 것을 발견했고, 이후 계속되는 자살 충동과 싸웠으며, 그 고통을 잊기 위해 빈번히 다량의 약을 복용하였다. 그는 자신이 몸담고 있는 세계에서 그리스도를 믿는 유일한 사람이었으나, 여전히 오래된 고통에 압도 당해 신음하고 있었다.

상담을 시작한 처음 한 달 동안 아주 적은 양의 정보만을 공유할 수 있었지만, 많은 역동이 일어나고 있었다. 상담자가 내담자를 만날 때 느끼는 진정한 기쁨과 상담자가 자연스럽게, 그리고 무의식적으로 사용하는 의사소통, 즉 "당신과 함께 하니 기뻐요!"라는 표현이 내담자의 조이 센터를 강화하기 시작했던 것이다. 그 결과 그는 치유 받지 못했던 과거의 아픈 기억을 직면할 수 있는 힘을 가지게 되었다. 기억이 표면화 되자, 그 내담자에게서 서로 싸우는 두 사람이 나타나기 시작했다. 하나는 힘찬 하나님의 사람, 소망과 예수님의 사랑으로 가득 찬 사람이 있고, 다른 한 사람은 그의 불행을 해결하는 방법은 죽음밖에 없노라고 확신하는 존재였다. 제리의 조이 센터가 자라 가자, 이전에 감추어 졌던 그의 어린 시절이 함께 드러났다. 그는 행복했고, 쾌활했으며, 밝은 옷을 입고, 만면에 기쁨의 미소를 띠고 있었다. 제리가 이 모든 부분에 대한 하나님의 치유의 손길을 받아들이면서 점차 분명해진 것은, 그가 혼자서는 회복에 이를 수 없다는 것이었다. 소속감이 없다면 외로움이 그의 삶을 지배하게 될 것이고, 그는 다시 자라날 힘을 얻지 못하게 될 것이 분명했다. 그에게는 가족이 필요했다.

그래서 영적 가족을 주실 것에 대해 기도하기 시작했다. 놀라운 하나님의 은혜로 단 4주 만에 기적적인 연결이 이루어졌다. 제리의 존재와 과거를 알지 못하는 한 여인과 그의 친구가 어느 날 그가 다니는 교회를 방문하여 제리의 곁에 앉게 되었다. 예배가 끝났을 때, 그 여인은 제리에게 긍휼의 마음이 생겼고, 그에게 집에 갈 차가 필요하냐고 물어보았다. 그리고 세 시간 후에 그에게 새로운 가족이 탄생하였다. 두 여인과 그들의 남편들은 그를 가족으로 받아들였고, 제리는 기쁨으로 가득 차게 되었다.

그러나 그의 고통도 함께 자라갔다. 평생 "나쁜 일"을 당하며 살다가 막상 "좋은 일"을 만나기 시작되면, 끔찍한 고통도 함께 자라나게 되는 법이다. 그것이 바로 A형 외상이 작동하는 방식이다. 사람이 좋은 일들을 경험하면, 자신이 성장하는 동안 받지 못했던 그 좋은 것들에 대한 기억이 되살아나서 고통도 홍수처럼 밀려오게 되는 것이다. 제리는 가족의 사랑이라는 놀랍고도 두려운 경험을 하게 되었고, 그가 후에 "외상의 여행"이라고 부르게 된 여정은 이렇게 시작되었다. 이 회복의 국면은 두려움과 자기 의심, 참을 수 없는 고통, 더욱 심해진 자살 충동 등으로 점철되었다. 그 험난한 여정은 계속되었지만, 그것은 견딜 만한 가치가 있는 것이었고, 1년 뒤에 제리는 상담을 받기 시작했다. 상담을 시작할 당시 제리는 자신의 성숙 단계가 정확히 네 살 수준에 머물러 있다고 말했는데, 일 년이 지나고 나자 그의 감정적 성숙도는 성인의 단계에 진입하게 되었다. 놀랍게도 365일 만에 9년치의 성장을 이룬 것이다!

성인의 성숙 단계에 접어들게 되면서, 제리는 그 단계에서 나타나는 감정적 특징들을 경험하게 되었다. 비록 한참 지난 나이에 경험하게 되는 것이긴 하였지만, 제리가 10대의 청소년들이 경험하는 감정들을 정확히 모두 다 경험하였다는 것을 여기서 강조하고 싶다. 여러분은 잊어버렸을지 모르지만 사춘기의 감정은 매우 강렬한 것이기 때문에 그가 이 성숙의 과정을 지속하는 것은 쉬운 일이 아니었다. 상담자는 이 감정들이 10대들이 경험하는 정상적인 감정이라는 것을 지적했고, 그래서 제리는 하나님에 대한 믿음을 저버리지 않으면서 적절하게 그의 성장을 이어갈 수 있었다. 그런 점에서 성숙의 과정을 이해하는 상담자를 만나는 것은 매우 중요한 일이다.

1년 후에 제리는 안정적으로 성인기에 접어들게 되었고, 번듯한 직장에서 2년 동안 여덟 번의 승진을 하게 되었으며, 약물의 도움 없이도 고통을 다룰 수 있게 되었다. 그의 힘과 재능은 발달되었고, 예수님과의 관계를 포함한 진정한 관계 속에서 생명을 주고받는 법을 나날이 배워갔다. 그의 "외상의 여행"은 의심과 좌절로 가득 차곤 했지만, 하나님은 정교한 섭리를 통해 그를 외상으로부터 회복해 가셨으며, 영적 입양과 성숙을 통해 생명을 주는 회복과 치유가 일어나게 하셨다.

만약 제리의 성숙도가 네 살에 멈추어 있었다든가 혹은 그가 사랑으로 돌보아 주는 영적 가족을 만나지 못했더라면, 그의 치료에는 진전이 없었을 것이다. 끝없는 고통만이 있을 뿐, 어떤 회복도 이루어지지 않았을 것이다. 이제 다음 부에서는 회복의 과정을 다루게 될 터인데, 성숙과 영적 입양, 그리고 외상의 회복은 동시에 이루어 질 때 치료의 효과가 배가 된다는 사실을 꼭 기억하기 바란다.

정체된 성숙의 과정에서 탈출하는 법

1. 의도적으로 사랑의 유대관계를 추구하라. 그 관계가 당신이 본래 창조된 모습으로 돌아가는 것을 도와 줄 것이다.
2. 당신이 감당하기 어려운 성숙의 과제들을 밝혀내라. 그리고 이러한 영역에서 성숙도를 높여 갈 수 있도록 기도하며 노력하라.
3. 당신의 성숙을 멈추게 한 지난날의 상처들을 밝혀내고, 치유와 회복의 과정을 시작할 수 있도록 신뢰할 만한 친구나 상담자의 도움을 구하라.

사랑의 유대관계와 두려움의 유대관계

사랑의 유대관계	두려움의 유대관계
1.사랑에 기반을 두고 있으며, 진실과 가까움, 친밀함, 기쁨, 평안, 오래 참음, 그리고 진실한 생활이 특징이다.	1.두려움에 기반을 두고 있으며, 고통과 모욕감, 절박감, 수치심, 죄책감, 거절과 버림 받음 및 기타 다른 파괴적 결과에 대한 두려움이 특징이다.
2.관계는 욕망에 의해 추진된다(나는 당신과 함께 있고 싶어서 당신과 교제한다).	2.관계는 회피에 의해 추진된다(나는 부정적 감정이나 고통을 회피하기 위해 당신과 교제한다).
3.사랑의 유대관계는 우리가 더 가까워지든 더 멀어지든 상관없이 강력해진다(우리가 가까이 있으면 나는 당신을 더 잘 알게 된다. 멀리 떨어져 있을 때도 나는 여전히 당신을 기억함으로 축복을 누린다).	3.두려움의 유대관계는 더 가까워지거나 혹은 반대로 더 멀어질 때 강해진다(더 가까워질수록 더 무섭기 때문에 나는 가까워짐을 회피해야 한다. 혹은 더 멀어질수록 더 무섭기 때문에 친밀한 척하게 된다).
4.우리는 긍정적 감정과 부정적 감정을 모두 나눈다. 우리 사이의 유대는 이 진실한 나눔으로 강화된다.	4. 우리는 긍정적 감정과 부정적 감정을 함께 나눌 수 없다. 유대는 (1)부정적 감정 혹은 긍정적 감정을 회피함으로 또는 (2)부정적 감정이나 긍정적 감정만을 추구함으로 강화된다.
5.관계를 맺는 양쪽 모두가 혜택을 누린다. 이 관계는 모두가 자기 자신이 될 수 있도록 격려한다.	5.관계의 어느 한쪽만 혜택을 누린다. 이 관계는 사람들이 자기 자신이 되는 것을 방해한다.
6.진리가 관계를 지배한다.	6.거짓과 사기가 필요하다.
7.사랑의 유대관계는 지속적으로 사람들을 성장하고 성숙하게 만들고, 그들로 하여금 자신들의 마음(heart)을 발견하게 한다.	7.두려움의 유대관계는 갈수록 성장을 제한하며, 사람들로 하여금 자신들의 마음(heart)를 발견하지 못하게 한다.
8.사랑의 유대는 전두엽(조이 센터)에서 작용하며, "나는 어떻게 하면 나답게 행동할 수 있을까?"라는 질문에 부합하도록 행동하게 한다.	8.두려움의 유대는 후두엽에서 작용하며, "나는 원하는 것을 어떻게 얻을 수 있을까?"라는 질문에 부합하도록 행동하게 한다.

스터디 가이드

01 "사랑의 유대관계와 두려움의 유대관계"를 살펴보라. 이 표의 어떤 내용이 가장 와 닿는가? 왜 그러한가?

02 사랑의 유대관계와 두려움의 유대관계 사이의 차이점을 당신 자신의 말로 표현해 보라. 가능하다면, 당신이 실제로 관찰한 사례를 예로 들어 보라.

03 자신에게 동기를 부여할 때 두려움의 유대관계를 갖고 있는지 아니면 사랑의 유대관계를 갖고 있는지에 따라 자신에게 동기를 부여하는 방법에 어떤 차이가 나는지 설명해 보라.

04 두려움의 유대관계를 가지고 있는 사람의 특징을 설명해 보라.

05 건강한 자아 정체성을 가지고 있는 사람이 다섯 가지 성숙의 단계마다 두려움을 어떻게 극복해 가는지 살펴보라. 이러한 기술들은 축적되는 것으로써, 다음 단계의 기술을 습득하게 되더라도 여전히 사용하게 되는 것이다. 당신은 이 가운데 어떤 기술들을 습득하였는지 말해 보라. 또 어떤 기술을 습득하지 못하고 지나왔는지 말해 보라.

06 제리의 이야기의 어떤 부분이 가장 와 닿는가? 왜 그러한가? 치유의 과정이 시작되면, 기쁨과 고통이 동시에 증가한다는 사실에 대해 어떻게 생각하는가?

07 당신은 어떠한 성품을 가진 사람과 신뢰와 사랑의 유대관계를 맺기를 원하는가? 그런 사람들을 찾기 원할 때 당신이 해야 할 역할은—하나님이 하시는 역할에 상응하는 것으로서—무엇인가?

Part 03

회복으로
나아가는 여정

chapter 06
기쁨으로
돌아오는 법을 연습하라

앞서 1부에서 살펴보았듯이 우리는 모두 정도는 다르지만 깨어진 사람들이며, 상처, 분리, 소외, 억압 등을 경험하고 있다. 그리고 우리는 모두 회복의 과정 안에 있다.

회복이란 자신의 현재의 잠재력을 넘어서서 하나님께서 의도하신 소명에 도달하는 것이다. 사도 바울은 다음과 같이 말했다.

> "우리는 그가 만드신 바라 그리스도 예수 안에서 선한 일을 위하여 지으심을 받은 자니 이 일은 하나님이 전에 예비하사 우리로 그 가운데서 행하게 하려 하심이니라"(엡 2:10).

바울은 하나님께서 우리 각자의 소명을 정해두셨다는 점을 분명히 한다. 회복이란 외상에 의해 형성된 장애물들을 넘어서도록 도와줌으로써 그러한 장애물들이 우리가 하나님께서 주신 중요한 소명을 이뤄나감에 있어서 더 이상 방해가 되지 않도록 하는 것이다.

각 사람 안에는 성숙, 즉 자신의 잠재력의 최고 한계까지 도달하려는 선천적인 욕구가 있다. 그러나 삶은 단순히 한 사람의 잠재력에 도달하는 것 이상의 것이다. 만일 그것이 전부라면 우리는 로봇과 다를 바가 없으며 삶은 공허한 활동에 지나지 않을 것이다. 영적인 존재로서 우리 각자에게는 하나님께서 의도하신 계획을 성취하고 싶어 하는 깊은 갈망이 있다. 이것이 바로 우리의 소명이다. 우리는 힘든 외상 경험들로부터 가능한 한 많은 것을 배워가며 그곳에 다다른다. 치유 받지 못한 외상은 우리의 주위를 흐트러뜨리고 우리의 에너지를 고갈시켜 우리가 소명에 이르는 것을 방해한다.

회복이란 우리의 삶에서 일어나는 모든 고통을 마주하고 끌어안음으로써 최대한의 성장을 이루도록 하는 것이다. 또한 교훈을 배우고 힘을 얻어 다른 사람들도 그렇게 할 수 있도록 돕는 것이다. 이것이 회복의 목표이며 어느 누구도 혼자서는 성취할 수 없는 소명이다. 성숙해지기 위해서는 다른 사람들과의 사랑의 관계가 필요하고 고통으로부터 선한 것을 이끌어 내기 위해서는 하나님의 구속이 필요하다. 하나님은 모든 영역에 역사하셔서 선을 이루신다. 그래서 우리가 다른 사람들에게 줄 수 있는 특별한 것을 갖추게 하신다.

해결되지 않은 외상은 우리의 소명에 이르는데 있어 심각한 위협이 된다. 그러나 회복의 과정에서 함께 하시는 하나님께서는 구속을 통해 그분이 의도하신 선한 일에 도달하기 위해 이러한 외상까지도 사용하신다. 하나님께서는 모든 것으로부터 선을 이끌어 내실 수 있으며 이는 오직 그분께만 가능한 일이다. 하나님께서는 우리의 정체성을 아시기에 우리가 외상을 극복하고 다른 사람들에게 생명을 줄 수 있도록 우리 안에서 일하신다.

이러한 사례는 쉽게 찾아볼 수 있다. 문제를 극복한 사람들은 종종 같은 문제를 가진 사람들이 문제를 해결할 수 있도록 돕는다. 상담전문가들 중 상당수는 그들 스스로 외상을 경험한 적이 있으며 자신의 경험을 통해 다른 사람들을 돕는다. 한 알코올 중독자는 "익명의 알코올 중독자 모임"(Alcoholics Anonymous)을 만들었다. 하나님께서는 그리스도인들을 박해하는 사울이라는 종교학자를 그 시대의 가장 영향력 있는 그리스도인 리더로 바꾸셨다. 치료자들은 종종 힘든 어린 시절을 경험한 민감하고 배려심이 많은 사람들로서 아이들의 보호와 성인의 회복에 헌신하는 사람들이다. 죄인들이 전도자가 된다. 에이즈로 사망한 아이를 둔 부모들이 에이즈 환자의 가족들을 위해 일하는데 그들의 삶을 바친다. 선한 것이 악한 것에서 나오는 것이다. 회복은 구속으로 이어질 수 있다.

우리의 소명에 삶을 헌신해야 할 시간이 다가올수록 우리는 제대로 준비되어야 한다. 우리 주위의 사람들이 우리가 외상으로부터 회복되도록 격려해 주지 않는다면, 하나님께서 의도하셨던 우리의 소명은 성취되지 않을 수도 있다. 이 단원은 상처를 이해하는 틀을 제공함으로써 상처 입은 사람들과 그들을 사랑하는 사람들이 더 효과적으로 회복의 작업을 함께 해나갈 수 있도록 돕는다.

두뇌는 외상의 치유를 어떻게 돕는가

하나님께서 의도하신 대로 뇌가 작동할 때는 기쁨이 지배한다. 뇌는 외상을 해결할 수 있는 기제(trauma-solving mechanism)를 가지고 있기 때문에 외상으로 인해 압도 당한 감정에서 벗어나 다시 기쁨을 느낄 수 있게 해 주고, 시간이 흐른 뒤에 외상이 다루어질 수 있도록 해 준다. 이러한 과정은 생각 없이, 의도하지 않아도 자동적으로 이루어진다.

여기에 한 예가 있다. 전투 중에 총상을 입었던 참전용사가 자동차 머플러의 시끄러운 소리를 듣고 자동적으로 바닥에 납작 엎드려 있지도 않은 소총을 찾으며 자신을 엄폐할 것을 찾는다. 생각하기도 전에 생존이라는 보호기제가 발동하여 과거의 외상 경험이 몇 분 동안 현재에서 경험되는 것이다. 그 순간 그는 고통 속에 있게 된다. 우리 모두는 일부러 생각하지 않아도 자동적으로 고통스러운 과거가 살아나는 순간이 있다. 우리는 일상의 삶을 증진시키기 위해 보호기제, 때로는 "자아방어"(ego defense)라고도 부르는 보호기제를 필요로 하는데, 이는 특히 외상과 관련하여 필요하다. 이 참전용사는 전쟁의 공포를 잊어버리고 그 공포가 삶을 지배하지 못하도록 "해리"(dissociation)라는 방어기제를 사용했다. 이렇듯, 해리의 도움에 힘입어 그 군인은 다시 삶에서 기쁨을 찾을 수 있었다.

하나님은 그분의 지혜로 우리가 외상을 딛고 일어서기에 충분한 힘을 발달시킬 수 있도록 우리의 뇌를 디자인하셨다. 생애 초기에 양육자가 좋은 결속과 안전한 환경을 제공해 주면, 어린 아이의 뇌는 올바른 뇌의 구조로 활성화되어 적절하게 발달한다. 뇌가 잠재력을 발휘할 수 있도록 생애 초기에 충분한 힘을 공급받게 되면 사람들은 자동적으로 기쁨의 통제를 받게 된다.

기쁨의 기초를 세우기

인간은 누구나 기쁨을 원한다. 인간은 기쁨의 존재이다. 기쁨의 본질은 관계에 있다. 기쁨은 누군가가 나와 함께 하는 것을 즐거워한다는 것이고 나도 즐거워한다는 것이다. 우리의 창조주는 기쁨이 우리를 좌우할 수 있도록 우리의 뇌를 만드셨고, 우리의 삶이 기쁨의 관계로 충만하기를 원하신다.

우리의 뇌 안에 있는 기쁨을 감지하는 영역은 유대를 결정하는 영역이기도 하다. 유대가 발달하는 정도는 생애 초기의 아기가 받아들이는 기쁨의 양과 시기에 기초한다. 이러한 사랑과 기쁨으로 이루어진 유대는 뇌의 발달의 정도에 영향을 미치고 뇌의 우측 전두엽 부분의 기쁨을 감지하는 영역의 강도를 결정한다. 아기는 감각을 통해 기쁨을 경험한다. 출생 후 6주 동안 아기는 맛, 냄새, 그리고 체온을 통해 유대를 형성하며, 그 후 6주간은 신체접촉을 통해 더 많은 기쁨을 얻게 된다. 3개월이 되어 뇌에서 시각을 담당하는 부분이 성숙해지면, 음성의 어조를 듣는 능력이 발달하는 12개월 정도까지는 눈으로 보는 것이 대부분의 기쁨을 가져다 준다. 각각의 새로운 감각은 더 강한 유대와 두뇌발달을 위한 새로운 기쁨의 원천을 가져다 준다.

첫 12개월은 기쁨을 느끼는 힘을 가진 뇌 조직을 형성하는데 사용된다. 이 힘을 통해 아기는 두려움, 분노, 수치, 혐오감, 슬픔,

절망 등의 불행한 감정에서부터 기쁨으로 돌아갈 수 있다. 아기가 힘이 생기자 마자 기쁨으로 돌아가는 것을 배우는 것이 중요한 이유는 생후 2년째가 되면 두 가지 뇌의 발육이 "만료"되기 때문이다. 아기가 15개월이 되면 대뇌 변연계가 생성되어 두려움과 분노를 느끼는 힘이 깨어나게 된다. 이러한 힘이 깨어나기 전에 기쁨으로 회복하는 방법을 배우지 못한 아기는 강렬한 공포와 분노를 조절하는데 어려움을 느끼게 될 것이다.

18개월이 되면 두 번째 '만료'가 이루어진다. 이때까지 아기의 뇌는 각각의 감정이 서로 다른 뇌에 있는 것처럼 작동해왔다. 그러나 18개월이 되면 기쁨을 감지하는 중추가 이 모든 감정 중추를 둘러싼 원을 만들어 내기 시작하며 그 모든 감정으로부터 한 인격을 만들어 낸다. 뇌는 기쁨을 회복하는 길에 연결되어 있는 감정들을 통제하고, 다른 뇌의 중추들은 방치된 상태로 내버려 둔다. 이 말은 이러한 중추들이 한 사람의 주요 정체성에서 제외되고 지배를 받지 않는다는 것을 의미한다. 예를 들어, 분노를 내버려 둔다면 나이가 들수록 화가 날 때마다 "다른 사람처럼" 행동하는 것을 사람들이 느끼게 될 것이다. 성숙의 목표는 모든 감정과 상황 속에서 자기 자신을 잃지 않고 행동하는 것이다.

24개월에서 36개월 사이에, 뇌는 시간과 공간에 따른 주위 상황을 파악하게 되고 주위 상황에 따라 어떻게 행동해야 할지를 알게 된다. 우리는 이것을 보통 의식적인 기억이라고 부른다. 이러한 능력으로 인해 우리는 여러 다른 상황 하에서도 우리 자신이 될 수 있다. 우리는 오늘도, 내일도 계속해서 같은 사람이 될 수 있도록 만드는 기억을 지닌다. 아이가 세 살이 되면, 좌뇌와 우뇌가 결합하여 자신과 주변 사람에 대한 느낌(우뇌)과 생각(좌뇌)이 조화를 이루고 연결된다.

뇌의 조이 센터의 정상적인 발달과 강도는 생애 초기 3년 동안 경험하는 "A형 외상"과 "B형 외상"으로 인해 크게 손상될 수 있다. 생후 1년 동안에는 기쁨을 느끼는 능력이 무력해진다. 생후 2년째에는 자신의 느낌과 상관없이 자기 자신을 한 사람으로 기능하게 해 주는 기쁨을 회복하는 구조가 무너져 버리고 만다. 생후 3년째에 발생하는 외상은 다양한 환경에서도 자기 자신으로 머물러 있을 수 있는 능력을 손상시켜서 자신의 느낌과 행동이 일치하지 못하도록 한다.

각각의 감정을 기쁨과 연결시키고 기쁨을 삶의 정상적인 상태로써 확립하는 일은 작은 일이 아니다. 이렇게 매우 중대한 구조를 확립하기 위해 부모와 자녀는 양질의 시간을 가지면서 약 3년을 보내는 것이다.

이 과정을 살펴보면 다음과 같다. 기쁨은 서서히 높은 수준으로 축적되어져서 부정적인 감정의 수위가 높아도 그것을 버텨낼 충분한 힘을 갖게 한다. 강렬한 외상과 관련된 감정(trauma-related feeling)을 이겨내기 위해서는 충분한 기쁨이 필요하다. 외상 관련 감정과 같은 강렬한 감정들은 그 감정들이 잠잠해지는 시점까지 다루어져야 한다. 만일 기쁨이 충분하지 않으면, 강렬하고 부정적인 느낌은 잠잠해지거나 해소되지 않을 것이다. 기쁨의 힘이 충분히 강해지고 다른 감정들에 연결되기 전에는, 외상과 관련된 감정이 사람을 지배하기 때문에 두려움이 주된 감정이 된다. 부정적인 감정이 해소되면 뇌는 비로소 다시 기쁨을 회복하게 된다. 부정적인 감정이 해소되지 않으면 그 사람은 두려움에서 벗어날 수 없다. 회복의 목표는 기쁨이 충분히 강해지도록 극대화시켜서 다른 감정들이 기쁨의 감정에 연결되어 잠잠해질 수 있게 하는 것이다. 그러면 하나님께서 설계하신 방식에 따라 뇌는 기쁨이 주도하는 상태로 작동할 수 있다. 평생 지속될 수 있는 효과적인 대처 패턴으로서의 정서적인 경로를 구축할 수 있는 것이다.

짐 와일더는 한 저명한 연구소에서 광범위한 뇌발달 연구를 설명해주는 "조이 캠프"(Joy Camp)라는 흥미로운 개념을 개발하였다. 이러한 개념은 하버드 대학의 베셀반 더콜크(Bessel van der Kolk) 박사, UCLA의 알랜 쇼어(Allen Schore) 박사와 다니엘 시겔(Daniel Siegel) 박사가 체계화 한 뇌발달 연구를 기반으로 한 것이다. 여기에 나오는 개념 중 그들이 발견한 것에 맞지 않는 부분이 있다면 그것은 그들의 연구를 우리가 잘못 이해한 결과일 것이다.

조이 캠프(Joy Camp)

생후 첫 3개월은 뇌 활동의 기지로서 "조이 캠프"를 확립하는 기간이다. 그 12주 동안 아기는 엄마와 가까이 있음으로써 기쁨을 느낀다. 젖을 먹이고 달래고 옆에 누워 자고 아기를 품에 안아 주는 것 같은 활동들은 매우 유익하다. 이러한 기쁨의 상태는 모든 인간 성장 발달의 뿌리가 된다. "조이 캠프"에서의 삶은 모성애, 평안, 안전, 그 밖의 모든 귀중한 경험들을 이해하는 기반으로 작용한다. 우리가 일생동안 방황하며 다닌다 할지라도 조이 캠프는 우리가 매일 밤 잠자리에 들 때마다 있고 싶은 곳이 되는 것이다. 생후 3개월 무렵이면 아기는 어머니가 자신에 대해 어떻게 느끼고 있는지에 대해 충분히 그려볼 수 있게 된다. 이제부터는 기쁨이 어머니와 아기 사이에 상호적으로 작용하게 된다. 이 시기에 이르기까지는 기쁨을 느끼는 아기의 능력은 매우 작기 때문에 쉽게 충족될 수 있다. 그러나 생후 3개월이 지나면 뇌에서 기쁨을 감지하는 주요 구조가 급성장하기 시작한다.

'기쁨의 산' 등반(Climbing Joy Mountain)

생후 3개월이 되면 아기는 엄마가 자신을 어떻게 바라보는지에 대한 이미지를 갖게 된다. 엄마가 아무 말을 하지 않아도 엄마의 얼굴 표정은 이미지로서 아기에게 저장된다. 뇌에서 시각을 담당하는 부분이 생후 3개월에 이르러서야 비로소 기쁨의 산에 오를 수 있다는 것은 놀랄 일이 아니다. 그때쯤이면 시각 중추는 구석구석 "배선"이 다 되어 있기 때문에, 시각은 지배적인 감각이 된다. 아기들은 기쁨으로 자신들을 바라보고 있는 눈길을 찾기 시작한다. 기쁨은 "누군가 나를 바라보는 것을 기뻐한다"는 것을 의미한다.

기쁨은 아기들이 스스로 자발적으로 찾는 감정이다. 더 큰 기쁨을 누리고자 하는 동기가 있기 때문에 아기들은 어떤 순간에도 기쁨을 얻기 위해 계속 애를 쓸 것이다. 기쁨의 정도가 증가하면 아기들의 두뇌 능력도 문자 그대로 증가하게 된다. 부모의 도움이 있다면, 생후 2개월에서 12개월 사이의 아기들은 반복해서 더 깊은 수준의 기쁨에 도달하려고 애쓰면서 기쁨을 경험하는 능력을 발달시킬 수 있다. 즐거운 눈길과 환한 얼굴을 볼 때마다, 아기는 기쁨의 산에 오르는 것을 연습하게 된다. 마침내 첫 돌이 되면 아기는 정기적으로 기쁨의 정상에 도달할 수 있고, 인간이 느낄 수 있는 가장 강력한 기쁨을 경험할 수 있게 된다. 이러한 종류의 시간이 많아지면 많아질수록 아기는 강하고 기쁨에 찬 자아로 성장한다.

우리는 기쁨의 창조물이다. 그러나 엄마의 얼굴에서 기쁨을 보지 못하는 아기들은 두려움으로 가득 차게 된다. 만일 아기들이 두려움이나 분노를 가진 부모와 애착을 형성한다면, 위협에 대해 조심하는 것을 배우게 될 것이다. 만일 아기들이 기쁨으로 자신을 바라보는 눈길을 경험하지 못한다면, 안전한 애착을 형성하지 못할 것이다. 또는 아기들과 함께 있어 주는 사람이 아무도 없다면, 자신의 기분을 나쁘게 할 만한 것을 찾아 경계하게 될 것이다. 그러면 아기들은 두려움의 유대관계를 맺게 되고 두려움에 기반을 둔 정체성을 발달시키게 된다. 아기들은 자신이 처해 있는 두려움으로부터 기쁨으로 나아갈 희망을 갖지 못해 회피하는 삶을 살게 된다. 아기들은 자신에게 주의를 집중해 주고 자신이 기쁨을 느끼도록 도와주는 누군가를 필요로 하며 그런 존재 없이는 건강하게 자라지 못할 것이다. 사실, 이러한 아기들은 다시 기쁨으로 돌아가는 길을 찾으려는 시도조차 하지 않을 것이다. 사랑의 유대관계를 한 번도 경험하지 못한 사람들은 항상 그들의 기분을 나아지게 해 줄 사람이나 무엇인가를 찾아다닌다. 약물, 성, 권력, 학대적인 관계, 돈 등이 흔한 예이다.

기쁨이 별로 없는 사람들은 자주 화나는 감정에 사로잡히고 그러한 감정으로부터 잘 회복되지 못한다. 이러한 모습이 어렸을 때는 분명히 나타나지 않다가, 성인이 되면서 점점 분명해진다. 인격은 더 나약해지고 기쁨의 산에 활기차게 올라가지 못하며 두뇌의 발달은 저하된다. 뇌에서 기쁨의 정체성 부위(joyful identity area)가 약할 때는 불안, 우울증, 주의력 결핍장애, 섭식장애 등이 나타나며 이것은 자기애성 인격장애, 히스테리성 인격장애, 강박성 인격장애, 경계선 인격장애로 이어지기도 한다. 이러한 상태에 있는 사람들은 "기쁨을 유지하는 힘의 결핍"으로 고통을 겪는다.

아기가 강력한 자아를 발달시키기 전에 기쁨의 산에 너무 높이 올라가면 그때마다 "너무 많은" 기쁨에 압도될 수도 있다. 이것은 마치 너무 많이 간지럼을 태우면 사람이 견디지 못하는 것과 같다! 아기가 "압도되는 수준"에까지 도달하면 기쁨은 고통으로 바뀐다. 만일 어머니가 아기를 자신의 행복감을 느끼기 위한 수단으로 사용한다면, 아기가 얼굴을 돌린 후에도 아기를 웃게 하려고 계속 애를 쓸 것이다. 그것은 아기를 돕는 것이 아니라 아기를 힘들게 하는 일이 될 것이다. 좋은 부모는 아기에게 기쁨이 과다한 것을 알아차려, 아기가 잠시 다른 곳으로 시선을 돌리고 쉴 수 있게 한다. 아기가 다시 돌아보면, 부모는 이제 다시 산을 오를 때가 되었다는 것을 안다. 이 과정이 수천 번 반복되면서 마침내 아기는 기쁨의 산 정상에 오를 수 있게 된다. 그러나 정상을 향하는 길에서 일어나는 이 모든 출발과 멈춤의 과정들은 숨겨진 보너스를 가져온다. 아기는 자신이 압도될 때에도 여전히 생존할 수 있고 휴식을 통해 회복하여 다시 기쁨의 감정으로 돌아갈 수 있다는 것을 배우게 된다. 여러 번 반복되는 이러한 단계들은 어떻게 하면 다른 사람들을 지나치게 밀쳐내지 않고 그들을 존중하는 태도를 가지며 다른 사람들을 억압하지 않을 수 있는지를 아기에게 가르쳐 준다!

우리 모두는 언제 멈춰야 할지 모르는 사람들을 알고 있을 것이다. 그러한 사람들은 자신의 감정을 조절하는데 큰 어려움을 갖고 있으며 쉽게 기쁨을 회복하지 못한다. 그들은 자신을 압도하는 감정을 어떻게 다루는지에 대해 한 번도 배우지 않았다. 그들의 부모들은 그들이 감정에 사로잡히거나 "압도"될 때 뒤로 물러나지 않았던 것이다. 그들은 잠시 쉬고 다시 기쁨으로 돌아가는 법을 배우지 못했다. 이런 일이 일어나는 것은 아마도 부모들이 그들 자신을 위해 아이를 행복하게 하려고 했기 때문일 것이다. 부모 스스로 좋은 기분을 느끼기 위해서 말이다.

조이 캠프로 돌아가기(Getting Back to Joy Camp)

생후 1년이 되면 우리의 배짱 좋은 어린 등반가는 산 정상에 쉽게 설 수 있다. 이때 얻은 힘은 생후 2년째에 자원으로서 사용된다. 생후 2년째가 되면 어머니는 아기가 삶의 모든 불쾌한 감정에서 어떻게 기쁨으로 되돌아갈 수 있는지에 대해 가르친다. 아기가 고통스러운 감정을 경험한 후에 그 감정이 나아지도록 돕는 누군가와 안전한 결속을 가지게 되면, 아기는 강한 힘을 갖고 성장하게 되고 난관이 닥치더라도 희망을 잃지 않게 된다.

어린아이들을 데리고 캠핑을 가본 사람이라면 아이들을 놓치거나 잃어버리지 않도록 얼마나 주의해야 하는지 잘 알 것이다. 아이들이 바위 사이를 어떻게 안전하게 내려가는지, 언덕에서 길을 어떻게 찾는지, 숲에서 길을 잃지 않고 어떻게 돌아오는지 배우게 되면 부모들은 깊은 안도의 한숨을 내쉰다. 이제 아이들은 조이 캠프 주위에서 얼마든지 캠프로 찾아올 수 있다. 캠핑은 더 안전해지고 훨씬 더 재미있어진다.

마찬가지로, 아기들은 그들의 다른 모든 감정으로부터 조이 캠프로 돌아오는 길을 배워야만 한다. 그들은 혐오감, 두려움, 슬픔, 수치심, 희망이 보이지 않는 절망감에서 기쁨으로 돌아오는 법을 배워야 한다. 일단 아기가 돌아오는 길을 알게 되면 더 이상 여러 가지 감정에 겁을 내거나 붙잡혀 있지 않게 될 것이다. 그러나 기쁨으로 돌아오는 아기의 힘은 기쁨의 산을 동반하면서 발달된 만큼만 가능할 것이다. 예를 들어, 아기의 슬픈 감정이 기쁨의 산을 오르기 위해 배운 정도보다 높다면 조이 캠프에 도달하기도 전에 힘이 모두 소진될 것이다. 누군가가 어떻게 기쁨으로 돌아오는지 가르쳐 주지 않는다면, 그때부터 아기는 그러한 감정들이 생길 때, 그 감정을 해소하는 대신 피하게 될 것이다. 아기들이 이런 감정에 대해 배우고 안전하게 돌아올 수 있도록 부모들이 아기들을 지도해야 할 이유가 여기에 있다.

감정을 조절한다는 것은 부정적인 감정을 느끼고 심지어 그 부정적인 감정에 압도되더라도 기쁨으로 되돌아올 수 있다는 것을 의미한다. 아기들은 다른 사람들을 모방하는 가운데 이러한 과정을 배우게 된다. 예를 들어, 15개월 된 아기가 방금 자기 기저귀에 문질러서 더러워진 손을 자랑하기 위해 엄마에게 아장아장 걸어간다. 엄마의 즉각적인 반응은 기쁨이 아닌 혐오이다. 아기는 엄마의 혐오감을 감지하여 즉시 수치감을 느끼고 숨으려고 달려간다. 아기의 욕구에 민감하고 성숙한 엄마는 아기의 괴로움을 인식하고 아기를 달래려고 간다. 잠시 후 아기의 괴로움을 대하는 엄마의 얼굴에서 혐오감은 사라지고, 엄마와 아기는 다시 기쁨으로 되돌아오게 된다. 엄마의 성숙한 뇌는 아기의 어린 뇌에게 그가 비록 멀리 떠나 있더라도 기쁨으로 돌아가는 길은 언제나 존재한다는 것을 가르쳐 주었다. 일상 생활

속에서 이러한 과정의 반복을 통해 엄마는 아기가 부정적인 감정을 느낄 때마다 위로해 주고 다시 기쁨을 회복할 수 있도록 도와준다. 이는 엄마가 단지 아기를 부정적 환경으로부터 구해 주는 것이 아니다. 부정적인 환경을 좋아하지는 않지만, 엄마는 여전히 아기를 좋아하고 있고, 아기가 기쁨으로 돌아오는 여정 동안에 함께 있다는 사실을 아기에게 전달해 주고 있는 것이다.

연습을 통해 아기는 어디에 있든지 조이 캠프로 돌아오는 길을 찾게 될 것이다. 나쁜 일들이 일어나 때로는 어렵고 때로는 진이 빠져도 말이다. 기쁨으로 돌아가는 길을 알면 감정을 느끼는 힘은 희망과 회복탄력성, 자신감을 쌓아나간다. 힘든 감정을 겪은 후에 기쁨으로 돌아가는 과정은 항상 만족감을 준다. 모든 사람이 조이 캠프로 돌아오면, 함께 나누는 기쁨 속에서 만족감이 생겨난다. 이것은 자동적으로 기쁨으로 돌아오는 것이지, 답답하거나 불쾌한 감정을 회피하는 것이 아니다. 사람들이 조이 캠프에 함께 있게 되면 성숙함이 발달하고 기쁨이 넘치게 된다.

발달학적인 측면에서 보는 두뇌 구조에 따르면, 만 3세 이후는 감정을 스스로 조절하는 것을 배우는 기간으로 특징지어질 수 있다. 외상은 자기조절을 심각하게 가로막아 자기조절 능력을 분열시킨다. 외상에서 회복되고 자기조절 능력을 회복하려면 다른 사람들의 사랑의 도움이 필요하다.

스터디 가이드

01 회복을 무엇이라고 정의할 수 있는가? 129-131쪽에 언급된 회복의 주요특징과 요소에 대해 말해 보라.

02 과거의 외상에서 비롯된 고통을 끌어안는 것이 치유에 필요하다고 생각하는가? 그 이유는 무엇인가?

03 외상으로부터 치유되고 회복되어 자신의 구원 경험을 누군가의 유익을 위해 사용하는 사람들이 있다. 그런 사람들의 예들 중 어떤 것이 가장 와 닿았는가?

04 아이가 양육자로부터 기쁨에 대한 훈련을 받게 될 경우, 생애 초기 3년 동안의 각 해에 어떠한 능력을 개발시키는지 설명하라.

05 아이가 외상을 경험할 경우, 생애 초기 3년 동안의 각 해에 어떤 기능이 손상되는지 설명하라.

06 이 책은 우리가 왜 강한 기쁨의 기반을 필요로 하는지 간결하게 설명하고 있다. 당신에게 이 말은 어떻게 받아들여지는가?

07 아기의 양육자가 자신의 필요만을 생각하게 된다면 아기에게 어떠한 영향을 미치겠는가? 양육자가 언제 멈춰야 할지를 모른다면 아기에게 어떠한 압도적인 영향을 미치게 되겠는가?

08 "감정을 통제한다는 것"이 의미하는 것은 무엇인가? 양육자는 어린아이가 여섯 가지의 부정적인 감정에서부터 기쁨으로 돌아갈 수 있도록 어떻게 도울 수 있는지 예를 들어 설명해 보라.

chapter 07

당신의 "외상"을 이해하라

외상의 유형

사람들은 의학적 문제에 있어 올바른 진단이 필수적이라는 사실을 이해한다. 외상의 회복에 있어서도 마찬가지다. 성공적인 회복을 위해서는 상처를 적절하고 철저하게 파악하는 것이 필요하다.

우리는 셰퍼드 하우스에서 30여 년간 외상 회복을 다루면서 외상이 A형 외상과 B형 외상으로 구분될 수 있다는 것을 알게 되었다. 이러한 외상을 구분하는 것은, 회복으로 들어가는 입구를 발견하고 치유를 촉진하는데 필요한 것이 무엇인지 발견하는데 도움이 될 것이다.

필요한 좋은 것의 부재 – A형 외상

A형 외상은 우리 모두가 받아 누려야 할 좋은 것들이 "부재"(Absence)한 데서 비롯된다. 이러한 부재는 관계의 어려움을 가져온다. 다음의 예를 보자. 몇 년 전, 어느 주일 아침에 짐 프리슨 박사의 한 내담자가 그가 앉은 자리에서 몇 줄 뒤에 앉아 예배를 드리고 있었다. 당시 짐의 아들은 4세 정도 되었고 그가 찬송을 부르는 동안 아들은 의자 위에 서 있었다. 그때 짐은 자연스럽게, 그리고 따스하게 아들을 팔로 감싸 안았다. 내담자는 그 장면을 목격하고 나서 "내면에서부터 솟아오르는 끊임없는 고독감으로 인해 예배 도중에 나가야 했다"고 후에 고백했다. 자신의 아버지로부터 받아야 할 사랑의 부재가 여러 해 동안 그녀에게 고통을 남겼고, 자신이 받아보지 못한 따스함을 눈앞에서 목격하자 혼자라는 느낌이 다시 그녀에게 찾아왔던 것이다. 자신이 경험하지 못한 좋은 것을 보게 되자 고통스러운 감정이 고개를 들기 시작한 것이다.

뒤에 이어지는 관계들은 이러한 필수적인 필요들이 충족되지 못한 부재 상태의 영향을 끊임없이 받게 된다. 위의 예에서 등장한 여성은 아버지의 따스한 사랑의 결핍으로 인해 남자들을 불신하게 되었다. 감사하게도 그녀는 따뜻하고 믿음직한 남성과 결혼했고, 그로 인해 A형 외상의 치유에 도움을 받을 수 있었다. 그러나 그러한 따스한 결혼 관계조차도 그녀의 상처를 완전히 치유해 주지는 못했다. 남자들이 그녀에게 따스하게 대해 줄 때마다 상처는 다시 고개를 들었고, 그것은 견고한 관계를 확립하는데 큰 장애가 되었다.

A형 외상에 의해 가장 심각한 영향을 받는 뇌의 부분은 강렬한 감정을 조절하는 장소이다. 감정에 주로 깊이 연관된 것은 영혼이기 때문에, 우리는 A형 외상을 "영혼의 균열"(fractures of the soul)이라고도 부른다. A형 외상에서 회복되려면 부정적인 감정들을 극복할 수 있게 인내해 주는 사랑의 관계가 필요하다. 그렇게 되면 외상이 있는 사람은 기쁨을 표현할 수 있게 되고 성숙의 과정에 더 깊이 들어갈 기회를 갖게 된다. 부정적인 감정들을 직면할 충분한 힘을 발달시키기 위해서는 신뢰를 확립하고 깊은 감정들이 나타날 수 있도록 허용하는 것이 필요하다. 그것은 시간이 걸리는 과정이며 진정한 사랑의 관계를 필요로 한다.

대부분의 사람늘은 A형 외상을 그들의 고통, 우울증, 고립감의 원인으로 인식하지 못한다. 사람들은 A형 외상을 B형 외상보다 더 쉽게 기억하지만 중요성을 부여하지는 않는 편이다. 외상의 중요성을 부인함으로써 사람들은 왜 스스로에 대해 끔찍하게 느끼는지, 왜 신뢰가 두려운지, 왜 끊임없이 자신의 가치를 증명해야 한다고 느끼는지에 대해 혼란스러워 한다. 외상의 심각성이 부인될 때, 사람들은 자신을 힘들게 하는 감정이 어디서 오는 것인지 이해하지 못하게 된다. 그들은 종종 설명되지 않는 감정들을 경험하면서 그냥 자신을 비난하거나("내가 문제야") 또는 창조주를 탓한다("하나님이 나를 실패작으로 만드셨어").

다음은 A형 외상으로 인해 어려움을 경험한 한 사람의 사례이다. 수(Sue)는 좋은 것을 자녀들에게 공급해 주는 사랑이 가득한 부모들에 대한 글을 읽으면서 자신의 A형 외상을 고통스럽게 깨닫게 되었다.

구절구절마다 눈물이 났다. 아이들, 그리고 하나님과 깊은 유대를 맺은 부모들에 대한 기쁨의 눈물이 아닌, 자기 자신에 대한 눈물이었다. 아무도 그녀를 위해 기뻐해 주지 않았고 그녀의 삶에 어떤 일이 일어나는지, 그녀가 무슨 생각을 하는지 관심도 없었으며, 그녀와 시간을 보내는 작은 희생조차 해 주지 않았다. 그녀는 너무나 외롭고 두려웠으며 사춘기 또래가 경험하는 문제에 휩싸여 있었다. 그녀는 아무도 알아주거나 돌봐주지 않는 상태에서 죽어 가고 있었다. 아무도 없었다. 단 한 사람도.

이제 고통, 염려, 두려움은 너무나 커서 감당할 수조차 없다. 그것들은 무(無), 즉 어떠한 감정도 느낄 수 없는 상태로 대체된다. 하나의 감정만을 차단할 수 있는 방법은 없다. 하나를 차단하면 모든 감정이 함께 사라져 버린다. 그러한 감정들은 마음속

깊숙한 곳에서 다시 한 번 나올 수 있기를 바라고 있다. 몇 번 시도해 보지만, 생생한 상처와 거친 감정들이 나오게 되면 우리는 감정들을 또다시 그 방에 밀어 넣고 만다. 그리고 마침내는 그 방문을 잠그고 스스로에게 말한다. 감정 없이 사는 것이 더 낫다고 말이다.

A형 외상은 종종 수의 경우와 같이 심각한 손상을 일으키는 후유증을 가져온다. 그러나 극도로 심각한 상처라 할지라도 치유 받을 수 있다. 치유가 일어나려면 상처의 정도를 "인식"하고 그 고통을 "직면"하며 오랫동안 방치되었던 "부재"의 문제를 생명을 주는 관계로 채워나가야 한다.

심리치료가 A형 외상을 이해하도록 도움을 줄 수는 있을지라도 회복을 위해서는 사랑의 관계가 필요하다. 치료는 필요했던 것들이 "부재"함으로써 생긴 외상의 영향을 다루도록 도와준다. 사랑의 관계는 필요했지만 받지 못한 것들이 "존재"하도록 제공해줌으로써 치유가 일어나도록 할 수 있다.

인생모델은 누군가를 비난하기 위한 것이 아니라 치유하기 위한 것이다. A형 외상을 찾아내는 목적은 외상을 치유하고 우리의 삶을 회복하기 위한 것이다. 정직할 수 있는 용기를 가지라. 그러면 진리가 당신을 자유케 할 것이다. 하나님께서는 당신의 필요를 공급해 주시고 새로운 관계가 발달되도록 주관하심으로써 당신의 외상이 치유되게 하실 것이다. 셰퍼드 하우스에서는 하나님께서 영적 가족으로 맺어 주신 사람들을 이해할 수 있도록 하나님의 도우심을 구하라고 누누이 말한다. 이것은 A형 외상의 영향을 극복하는데 있어서 매우 중요하다.

> **A형 외상**
>
> A형 외상은 "부재"(absence)로 인해 발생한 장애가 우리 감정에 손상을 입히는 것을 말한다. 우리 인생의 각 단계에서 한 가지 혹은 그 이상의 A형 외상이 발견되는 것은 일반적인 현상이다. 우리 모두는 주의를 요하는 A형 외상의 상처를 적어도 한 가지 이상씩은 가지고 있다. "성숙의 지표"를 살펴보면, 가장 중심이 되는 가정과 공동체의 실패가 A형 외상을 만들어 낸다는 것을 알 수 있다. 사실상, 가정과 공동체 영역에서 발생하는 "부재"는 A형 외상이 무엇인지를 규정해 준다. 다음은 A형 외상의 몇 가지 사례들이다.
>
> 1. 존재 자체에 대해 부모로부터 소중히 여김을 받거나 축하를 받지 못함
> 2. 기쁨을 주는 존재가 되는 경험을 하지 못함
> 3. 부모가 당신을 있는 그대로 이해해 주기 위해 시간을 갖지 않음
> 4. 성적이지 않은 신체접촉을 충분히 경험하지 못함
>   예) 무릎에 앉히거나 이제 됐다고 말할 때까지 안아 주기
> 5. 나이에 따른 적절한 제한을 받지 않았거나 제한을 받으면서도 동시에 자신의 존재를 인정받지 못함

6. 적절한 의식주와 의료혜택을 받지 못함
7. 문제해결 능력이나 인내심 발달과 같은 어려운 과제를 어떻게 수행하는지 배우지 못함
8. 개인적인 자원과 재능을 개발할 기회가 주어지지 않음

우리에게 일어난 나쁜 일 - B형 외상

B형 외상은 "나쁜"(Bad) 일에서 비롯된다. 두뇌는 기억 영역에서 B형 외상의 영향을 심각하게 받기 때문에 이것은 "정신의 균열"(fractures of the mind)이라고 불리기도 한다. 나쁜 사건들이 미해결된 감정이나 생각을 남기게 되면, 그 사람은 조이 캠프로 돌아갈 수 없게 된다. 나쁜 사건들은 정신의 균열을 일으켜 분리되게 한다. 특별히 나쁜 사건들은 고맙게도 잊혀지며 그런 일을 겪은 사람은 기억상실을 통해 그런 일들을 기억하지 못하고 보호받게 된다. 기억상실(amnesia)은 자동적으로 일어나는 뇌 기능인데, 즉각적으로 기억을 잊게 하는 기능으로 만 3세 이후부터 자기보호의 수단으로 사용될 수 있다. 그 이전에는 뇌가 시간이나 이야기 흐름을 설정하지 못하므로 기억은 다른 형태를 띠게 된다.

명료한 이해를 돕기 위해서는 기억상실이 "자동적"이라고 말하는 바가 무슨 뜻인지 이해해야 한다. 외상의 강도가 더 이

상 견딜 수 없을 정도로 높아지면 감당할 수 없는 지경에 이르게 된다. 그러면 "무슨 일이 일어나고 있는지 당사자가 의식하기도 전에" 외상은 "자동적"으로 잊혀지고 기억에 텅 빈 공백이 생기게 된다. 당사자는 자신이 그러한 외상을 경험했는지 전혀 알지 못하게 된다. 이것은 자신을 압도하는 사건을 잊어버리기로 "선택"한 것이 아니다. 무슨 일이 일어나고 있는지 자각하기도 전에 자동적으로 기억을 잃어버리게 되는 것이다. 기억상실이 일시적으로 기억을 지워버린다 하더라도, 이러한 기억은 나중에 다시 떠오를 수 있다. 온전함에 도달하려면 나쁜 사건들을 회복하고 치유하여 텅 빈 공백을 채울 필요가 있다. A형 외상의 경우와 마찬가지로 B형 외상에서 회복되는 데는 오랜 시간이 걸린다. 비록 좋은 심리치료를 받으면 "나쁜 사건"을 치유하는 속도가 빨라지기는 하지만 말이다.

다음의 예는 치유되지 못한 B형 외상이 한 사람의 삶을 어떻게 간섭할 수 있는지 보여 주는 사례이다. 리사(Lisa)는 어린 두 자녀가 있는 여성으로, 남편이 실수를 범하자 그를 집 밖으로 내쫓아 버렸다. 남편의 잘못이 심각한 것이기는 했지만 한순간에 관계를 끝낼 정도로 잘못을 저지른 것은 아니었다. 무엇이 자신을 그토록 강하게 반응하도록 만들었는지 살펴보면서, 그녀는 어렸을 때도 그와 같은 강렬한 감정이 있었다는 것을 깨닫게 되었다. 그 감정이 어디에서 비롯되었는지 그 부분에 초점을 맞추고 집중하자, B형 외상의 기억이 매우 강하게 그녀의 마음속에 떠올랐다. 양아버지가 그녀의 방으로 건너와 성추행하기 직전까지 그녀는 양아버지를 완전히 신뢰했었다. 리사가 자신의 기억이 계속 떠오르도록 하자, 그녀는 자신이 양아버지에게 분노로 반응하면서 일어났던 일들에 대해 어머니에게 말하던 장면을 생각해냈다. 양아버지는 즉시 집 밖으로 쫓겨났고 모든 관계는 그 즉시 끝이 났다.

남편의 실수가 양아버지의 행동과 연관되어 있는 강렬한 감정을 건드렸다는 사실을 깨닫고 난 후, 리사는 왜 자신이 강한 반응을 보였는지에 대해 좀 더 이해하게 되었다. 치유되지 못하고 잊혀진 채로 남겨져 있던 상처가 건드려지자, 즉시 강렬한 감정이 분출되었던 것이다. 처음에는 그 감정이 남편에게 쏟아졌지만, 다행히 그 상처는 적절한 치료로 인해 치유될 수 있었다.

B형 외상의 대부분은 성인이 되기까지 개인의 의식적 기억에 잊혀진 상태로 남아 있는데, 심리치료는 이러한 B형 외상을 밝혀내는데 도움을 줄 수 있다. 외상은 반드시 기억하고 치유해야 한다. 그렇게 하지 않으면 상처는 계속해서 곪는다. 한 개인의 과거에 있었던 모든 고통스러운 기억을 주님께서 덮으시도록 하려면 일반적인 기도 이상의 무엇인가가 필요하다.

B형 외상

B형 외상은 어떠한 것의 "존재"(presence)로 인해 해가 발생하는 것이다. 다음과 같은 경험을 계속하게 되면 B형 외상이 발생할 수 있다. B형 외상은 심각도에 따라 그 범위가 다양하다. 어떤 외상을 "덜한 것"으로 구분하여 평가절하하는 것은, 그들이 얼마나 상처 입었는지에 대한 진실을 회피하게 되고 그 결과 치유의 기회를 놓치게 만든다는 것을 기억해야 한다. 상처를 피하거나 무시한다고 해서 그 상처가 사라지지는 않는다. 다음은 B형 외상의 몇 가지 사례이다.

1. 신체학대 : 따귀 때리기, 머리채 잡아끌기, 흔들기, 주먹질하기, 히스테리를 일으킬 정도로 아이를 간지르기 등
2. 폭력적인 체벌 : 흔적이나 멍, 또는 정서적인 상처 남기기
3. 성적 학대 : 부적절한 터치, 성적인 키스나 포옹, 성교, 구강성교, 항문성교, 관음증, 노출증, 부모의 성적 경험을 자녀에게 말하는 것 등
4. 언어적 학대 혹은 욕
5. 고문 또는 사탄적 의식 학대(Satanic Ritual Abuse)
6. 다른 누군가가 학대 당하는 장면을 목격함

상처의 치유

하나님은 매우 선하시다. 우리는 셰퍼드 하우스에서 A형 외상과 B형 외상 모두를 하나님께서 치유하시고 회복하시는 것을 목격하고, 그로 인한 기쁨을 사람들과 함께 나누고 있다. 다음

은 두 가지 외상에 대한 치유적인 접근을 어떻게 할 수 있는지 잘 보여 주는 한 예이다.

칼(Karl)은 한 친구의 소개로 셰퍼드 하우스에 도움을 받으러 왔다. 공동체가 함께 치유에 임하게 되면서 칼의 친구는 그를 도왔고 그의 아내도 상담 회기 동안 치유 파트너로서 늘 참석했다. 그의 아내는 칼이 마음에서 필요로 하는 것을 줄 수 있는 유일한 사람이었다.

지난 상담 회기 이후, 칼은 자신 안에 숨어 있는 어떠한 감정을 느꼈다. 그것은 레스토랑에서 근사한 식사를 즐길 만한 가치가 자신에게는 없다고 느끼는 감정이었다. 칼은 이번 상담 회기에서 자신의 감정이 표면으로 올라오는 것을 느끼는 동시에 내면에서 더 어린 자신의 모습이 드러나는 것을 감지할 수 있었다. 칼은 어린 자신이 마음을 열고 무엇이 잘못되었는지를 말하도록 했다.

칼은 어린아이의 목소리로 자신이 어둠과 거미, 옷장 속에 갇히는 것, 그리고 엄마의 남자친구를 무서워한다고 말했다. "또 다른 게 있나요?"라는 질문에 그는 엄마가 무섭다고 말했다. 약 5분 동안 칼은 계속해서 4세 경에 일어난 몇 가지 사건들을 열거했다. 그 사건들은 B형 외상으로서 흔히 아동학대라고 불리는 나쁜 사건들이었다. 그 일이 일어난 이후 처음으로 칼은 그 사건을 의식적으로 기억했다. 오랫동안 고통스럽게 남아 있던 끔찍한 사건들을 말로 표현하게 되면서 어린 칼은 안도감을 느꼈다. 이 사건들에서 비롯된 감정들이 현재의 삶으로 모여들어 그에게 "너는 외식을 할 자격이 없어"라는 두려운 마음으로 나타났던 것이다. 그가 기억하는 사건 중에 하나가 바로 그런 것이었다. 칼은 엄마와 남자친구가 외식을 하러 나가 있는 동안 옷장에 갇혀 있었다! 엄마는 칼에게 그가 아무것도 받을 자격이 없고 외식에 데려갈 자격도 없다고 말했다! 이러한 기억들을 치유하기 위해 특별한 기도를 드렸을 때, 그의 마음은 차분해지게 되었고 자신이 중요한 사람이 아니라는 거짓말이 깨어지게 되었다.

그러나 칼은 아직 기쁨에 이르시는 못했다. 그는 어머니가 다시 돌아오지는 않을까 두려워했던 것이다. A형 외상이 그 사건의 일부를 이루고 있었음이 분명했다. 칼의 어머니는 어린 칼이 엄마를 의지할 수 있게 하는 그 어떤 것도 전달해 주지 않았다. 칼은 자신이 엄마에게 "속해 있다"는 것을 느낄 수 없었다. 기억에 대한 치유기도만으로는 어머니의 사랑의 부재로 생겨난 공백을 충분히 채울 수 없었다. 이를 채우기 위해서는 진짜 사람이 필요했는데, 칼에게 딱 맞는 진짜 사람이 칼의 옆에 앉아 있었다. 칼의 아내는 두 팔로 그를 안아 주며 두 사람이 서로에게 속해 있다고 말해 주었다. 하나님께서 그들을 짝지어 주셨고, 칼이 자신에게 의지해도 된다고 말한 것이다. "소속감의 상처"(belongingness wound)를 위해 기도한 후 관계에 대한 축복기도를 하자, 그에게 기쁨이 찾아왔다. 칼의 아내는 칼과 함께 있는 것을 기뻐했고, 그것은 칼의 성장기에 "부재"했던 소속감의 기쁨이 "존재"감을 가져왔다. 어린 칼은 평생 처음으로 조이 캠프에 가는 길을 발견하게 되었다! A형 외상에서 비롯되었든, B형 외상에서 비롯되었든 모든 감정은 기쁨으로 연결될 수 있다. 하나님의 치유는 칼에게 "기쁨의 결속"(joy connection)을 제공해 주었고, 하나님께서 그의 삶에 두신 사람이 회복의 일부분으로 사용되었다.

칼은 목회상담자이자 기독교 심리치료사였음에도 불구하고 25년 동안이나 도움을 구해왔었다! 십대 중반 이후로 그는 해결되지 않은 감정과 싸워왔다. 그는 간신히 살아남을 수 있었지만 해를 거듭할수록 갈등은 격렬해졌고 삶에 위협이 되었다. 그의 결혼과 사역은 고통스러웠다. 그런데 비극적인 사실은 칼 이외에도 고통스러운 감정을 해결하기를 원하나 늘 실패하고 있는 사람들이 지금도 수없이 많다는 것이다. B형 외상에서 온 감정들을 해결하기 위해서는 감정을 담고 있는 기억들을 드러내야만 한다. 일반적인 기도로 과거의 모든 것을 치유하려고 하는 것은 대체로 도움이 되지 않는다. 특정 상처는 돌보는 사람들이 함께하는 가운데 치유기도로써 드러내져야 한다. 그 밖의 것들은 단지 일시적인 해소감만 가져다줄 뿐이다. 상처는 구체적으로 다루기 전까지 계속해서 곪게 될 것이기 때문이다.

심리학은 이렇게 숨겨진 상처들을 어떻게 찾아낼지 가르쳐 줄 수 있으나 문제를 "발견"하는 것만으로는 해결되지 않는다. 발견된 상처가 "치유"되려면 하나님이 필요하다. 하나님의 손길이 없다면, 도움을 구하는 노력은 실패로 끝날 것이다. 또한 사랑의 관계가 없다면, 회복에 필요한 충분한 인적 자원도 없을 것이다. 회복을 위해서는 하나님과 가족 모두가 필요하다.

여러 종류의 균열

칼의 상처는 기억상실로 이어지는 일종의 균열, 즉 무섭고 압도되는 감정을 만들어 냈다. 칼이 옷장 안에 갇혀 있는 동안 그러한 감정은 칼을 압도했고 결과적으로 해리(解離, dissociation) 현상이 일어났다. 해리는 간단히 말해서 즉각적으로 잊어버리는 기억상실 또는 "정신 균열"(fractured mind)로 생각할 수 있다. 인간의 뇌는 감당할 수 없는 압도적인 감정을 처리하는 스위치를 갖고 있는데 그러한 감정들을 의식적인 기억이 접할 수 없는 곳에 기록한다. 당시에는 그렇게 하는 것이 큰 유익을 가져다주기 때문이다. 어린 칼은 전날 밤 옷장에 갇혔던 기억으로 씨름

할 필요 없이 다음 날 아침에 등교할 수 있었다. 집에 돌아오는 것을 두려워하지도 않았다. 문자 그대로 그는 집으로 오는 동안 외상적인 옷장 사건을 기억하지 못했다. 이러한 B형 외상은 칼의 생각을 분열시키는 결과를 낳았다. 해리의 의식적인 기억에서는 이러한 사건이 잊혀져 있었던 것이다.

기억상실은 이러한 방식으로 작용한다. 미치게 만들 것 같은 사건들을 정상적인 방법으로 처리하는 것이다. 하나님은, 압도하는 상처로부터 우리의 영혼을 보호하시기 위해 우리에게 기억상실이라는 것을 만들어 주셨다. 우리가 상처로부터 분리되어 살 수 있도록 말이다. 칼이 경험한 외상의 내력은 그의 삶 속에 꽤 많은 "아동 부분"(child parts)이 자리를 잡게 할 만큼 충분한 분열을 일으켰다. 그는 이러한 아동 부분들을 의식하지 못하고 있었지만, 나중에 아동 부분들의 강렬하고 부정적인 감정들을 느끼게 되었고, 이로 인해 칼의 성인으로서의 삶은 심각한 방해를 받게 되었다. 칼의 싱치 입은 아동 부분을 의식적인 치료의 수준으로 끌어올림으로써 우리는 아동 부분의 상처를 치유하는 이러한 부분들이 어떻게 조이 캠프로 다시 돌아갈 수 있는지를 보여줄 수 있는 기회를 갖게 되었다. 칼과 같은 사람들에게 숨겨진 상처를 치유하는 것은 큰 안도감을 가져온다. 기쁨은 자동적으로 따라오는 결과이다.

이 상담 회기는 또 다른 중요한 보호기제인 억압이 작용하고 있음을 드러낸다. 억압(repression)은 의식적인 자료들을 점차 잊어버리는 것을 뜻한다. 칼의 삶 전체는 어머니와 관련된 화나고 버림받았던 경험으로 가득 차 있었지만, 이러한 것은 "압도적인 차단 스위치"(overwhelming switch)까지 갈 정도로 심하지는 않았다. 칼은 의식적으로는 "유기"라고 낱낱이 명시된 그 사건들에 대해 기억하고 있었지만, 억압으로 인해 그 사건들이 얼마나 고통스러웠는지에 대한 감정과의 접촉점을 잃어버리고 있었다. 억압은 그에게 그런 감정들이 그렇게 나쁘지는 않았다는 확신을 갖도록 했던 것이다.

우리의 사고는 감정을 형성하고 삶을 좀 더 살만 한 것으로 만들기 위해 끊임없이 노력하고 있다. "심리학개론" 수업에서 우리 모두가 접하는 합리화(Rationalization)나 승화(sublimation) 또는 그 밖의 여러 가지 자아방어기제들은 그러한 목적을 위해 쓰이는 것들이다. 자아방어기제들은 우리가 어려운 감정을 처리하도록 도와준다. 억압은 화나는 일들을 점차적으로 잊어버리게 해주는 방어기제이다. 칼은 유기사건에 대한 정확한 기억들을 상실함으로써 A형 외상의 영향으로부터 보호를 받았다. 그리고 자신이 버림받았음을 망각함으로써 자아존중감(self-worth)에 대해 갈등하지 않아도 되었다. 그는 고통스러웠던 기억을 잊어버렸지만, A형 외상의 결과로 인해 삶에 뚫린 구멍을 피하지 못하고 어디에서도 소속감을 느끼지 못했다. 칼의 삶 속에서 누구에게도 "소속되지 못했던" 시기들이 참된 소속감으로 대체되자, 그의 자아존중감은 향상되었다. 칼의 아내는 그가 성장하면서 누리지 못한 것들을 누릴 수 있도록 남편을 도왔다. 그녀가 "영혼 균열"(fractured soul)의 영향을 극복하도록 도운 것이다.

  많은 사람들이 소속감을 느끼고 싶어 한다. 그들은 영적 가족을 필요로 한다. 영적 가족에 대해서는 4부에 더 자세히 설명되어 있다. 칼처럼 소속감을 경험하지 못한 경우, B형 외상은 그리스도인 친구들로부터 기도를 받으면 좀 더 나아지게 된다. 그러나 해결점은 여전히 부재 상태로 남아 있다. 우리가 기도하고 사랑하라는 명령을 동시에 받은 것은 전혀 놀랍지 않다. 하나가 없으면 다른 하나도 존재할 수 없기 때문이다.

  서로 다른 종류의 외상의 치유는 교회 상황에서 효과적이지 않을 수 있나. A형 외상을 갖고 있는 사람들은 교회예배 시간에 어려움을 경험할 수 있다. B형 외상을 가진 사람들은 외상에 대한 치유가 놀라울 정도로 빠른 시간 안에 일어날 수 있다. B형 외상은 대개 단순히 한 가지 사건과 한 번의 단기적인 기간에 국한되기 때문이다. 이러한 치유로부터 얻는 안도감은 많은 사람들에게 격려가 되지만 A형 외상을 지니고 있는 사람들에게는 그렇지 않다. 그들은 하나님께 이렇게 질문하기도 한다.

"왜 저인가요? 다른 사람들은 나아지고 기쁨을 느끼는데 왜 저는 그렇지 못한가요? 하나님은 저를 사랑하지 않으세요? 아니면 하나님의 약속은 오로지 다른 사람들만을 위한 건가요? 제가 뭔가를 잘못했나요? 제가 나쁜가요?"

교인들이 그들을 B형 외상을 가진 사람들과 똑같이 대하면 상태는 더 악화된다. 그 결과, A형 외상을 가진 사람들은 자신들이 빨리 회복되지 않는 것을 느끼며 안타깝게도 '나는 이 교회에 어울리지 않는 사람'이라고 믿게 된다. 그리고 어디에도 소속될 수 없다는 비참함을 느끼게 된다! 고립감과 거절감은 이미 그들의 외상 내력에 있어왔던 것들인데 깊은 상처가 신속하게 치유되어야 한다는 압박감 가운데 그들이 실패하면, 또다시 고립감과 거절감을 느끼게 되는 것이다. 이것은 올바른 방법이 아니다. A형 외상을 가진 사람들의 영혼이 회복되려면 실제 사람들이 필요하며 이러한 회복은 단시간에 이루어지지 않는다.

또 다른 중요한 예가 있다. 칼의 경우에서처럼, B형 외상을 치유하는 것은 많은 도움이 되지만 온전해지려면 A형 외상의 치유 또한 필요하다. 예배 후에 기도를 받으러 강대상 앞으로 나가는 사람들이 있다. 그들은 B형 외상에 대해 도움을 받고 그것으로부터 해방된다. 그러나 나중에 그들은 더 깊은 고통을 가진 외상을 접하게 되고 기도만으로는 별로 나아지지 않음을 느끼게 된다. 그들은 어쩌면 지속적으로 기도를 받아야 한다고 결론을 내릴지도 모른다. 기도를 받으면 적어도 한동안은 기분이 나아지기 때문이다. 그러나 그러한 생각은 바람직한 결과를 가져다 주지 못한다. 그들이 만일 치유되지 못한 A형 외상을 계속 지니고 산다면, 사람들이 실제로 그들이 성장하는 동안 잃어버렸던 좋은 것들을 채워줄 만큼 그들을 충분히 사랑해 주기 전까지는 나아졌다는 느낌을 오래 지니지 못할 것이기 때문이다. 그들은 하나님이 그들의 삶에 보내주신 사람들과 결속되기 전까지는 소속감을 느끼지 못할 것이다. 1부에서 말한 것처럼 그 사람이 어떤 종류의 상처를 지니고 있는지 아는 것이 중요하다. 그렇지 않으면 치유에 대한 접근은 실패로 끝나기 쉽다.

스터디 가이드

01 아버지로부터 사랑을 받지 못해 고통스러워하는 여인의 이야기를 통해 A형 외상에 대한 무엇을 배웠는가?

02 A형 외상의 예를 다시 한 번 읽어 보라. 당신의 삶에는 어떠한 A형 외상이 나타나고 있는가? 이러한 생각이 당신에게 불러일으키는 주된 감정 다섯 가지는 무엇인가?

03 A형 외상의 회복에 필요한 세 가지 요소는 무엇인가?

04 리사의 이야기를 읽은 후, B형 외상에서 비롯된 기억상실증과 해리에 대해 무엇을 알게 되었는가?

05 B형 외상의 예를 다시 한 번 읽어 보라. 당신의 삶에는 어떠한 B형 외상이 나타나고 있는가? 이러한 생각이 당신에게 불러일으키는 주된 감정 여섯 가지는 무엇인가?

06 B형 외상의 치유에는 어떠한 요소가 필요한가?

07 A형 외상과 B형 외상의 치료 과정과 기간이 다르다는 사실이 교회 공동체의 B형 외상 경험자에게 어떠한 부정적인 영향을 줄 수 있는가?

> ⊙ 그룹원들이 아직 대답할 준비가 되지 않은 질문에는 대답하지 않을 수 있음을 기억하십시오. 그들이 B형 외상의 이론적인 내용보다 자신의 감정을 조심스럽게 나눌 수 있도록 도와주십시오.

chapter 08

당신의 "분열"을
파악하고 기도하라

자신의 분열 평가하기

우리가 칼에게서 발견한 균열(fracturing) 또는 분열(dividedness)은 "순환성분열"(Rotating Dividedness)이다. 학계에서는 이것을 다중인격장애(Multiple Personality Disorder)라고 불렀지만 지금은 해리성 정체감 장애(Dissociative Identity Disorder)라고 부르고 있다. 해리성 정체감 장애(DID)는 외상이 감당할 수 없는 수위까지 올라갈 때 발생하며 그 사람의 인격이 별개의 부분으로 분열되는 정신질환이다. 기억상실은 있을 수도 있고 없을 수도 있지만 감정상태, 혹은 감정 부분들은 항상 서로 분리되며 어떤 부분에는 매우 부정적인 감정들이 저장된다. 슬프게도, 이런 부분이 저장하고 있는 감정들이 조이 캠프로 모두 전환될 수 있는 것은 아니기 때문에 감정 중 일부는 고착된 상태로 남아 있게 된다. 고착된 부분들이 "순환"(rotate)될 때 사람들은 조이 캠프로 가는 길을 발견하지 못하고 두려움 속에 계속 남아 있게 된다. 최상의 치료는 그 사람의 인격의 모든 부분이 기쁨으로 전환됨으로써 조이 센터가 다시 지배력을 회복할 수 있도록 하는 것이다. 이것이 자기 조절력을 세워나가는 방법이다.

두 번째 송류의 분열은 "교차성 분열"(Alternating Dividedness)로 명명할 수 있는데 이는 약물남용이나 알코올 남용, 성중독, "경계선 장애"(Borderline Disorder) 등의 문제들을 갖고 있는 사람들에게서 찾아볼 수 있다. "교차성 분열"을 가지고 있는 사람들은 성공적인 기능을 수행할 때와 상처로 고통받는 사이를 오간다. 교차성 분열의 파괴적인 측면은, 상처가 있는 부분의 계속된 간섭으로 인해 성공적인 부분이 그리 오래 지속되지 못한다는 것이다. 상처가 나타날 때마다 학습된 패턴이 자동적으로 나타난다. 알코올 남용, 섭식장애, 신체적 학대 또는 병적인 부작용을 가진 반응들이 그것이다. 고통에 대한 건강하지 않은 반응들은 아동기에 학습되기 때문에 사람들은 병적인 패턴이 시작될 때 그것에 대해 반응할 만한 다른 방법이 없다고 느낀다. "순환성 분열"의 경우와 같이 교차성 분열도 자동적인 반응으로서 교체에 대해 어떤 의식적인 결정 없이도 그냥 일어나게 된다. 비극적인 것은 당사자가 문제를 조절할 수 있는 방법이 아무것도 없다고 믿기 시작하면서 나쁜 결과는 증가하고 성공적인 결과는 줄어든다는 것이다.

"교차성 분열"이 일어나는 사람들은 주로 아동기에 심각한 A형 외상과 다소의 B형 외상을 입는 경우가 많으며, 이 외상이 성숙에 심각한 걸림돌이 된다. 교회나 전통적인 심리치료 혹은 정식으로 이러한 문제를 다루는 기관에서는 대체로 A형 외상에 대해서는 언급을 하지 않는다. 문제는 사람들이 그들에게 좋은 측면이 있음에도 불구하고, 상처 입은 측면은 고쳐져야 할 "나쁜 측면"이라고만 인식한다는 점이다. 이 얼마나 파괴적인 생각인가! 그 결과 재능은 개발되지 못하고 나쁜 자아상은 견고히 구축되게 된다. 그것은 나쁜 것이 아니라 단지 상처일 뿐이다. 우리는 그런 부분을 통제하는데 초점을 맞추지 말고, 치유하는데 초점을 맞춰야 한다. "교차성 분열"을 보이는 사람들이 자신의 좋은 측면을 보이기 위해 그룹에 들어가는 것은 대개 도움이 되지 않는다. 그들은 상처 입은 부분을 보여야 하며, 그 상처를 치유 받아야 한다. 그렇지 않으면 어떤 진전도 기대할 수 없다. 심리치료를 받는 사람들도 마찬가지다. 만일 그들이 상담을 받으러 와서 지난 주에 있었던 어려움에 대해 웃으며 말하고 고통스러운 감정을 꺼내지 않는다면 그들은 아무런 진전도 기대할 수 없다. "교차성 분열"을 치유한다는 것은 그들을 있는 그대로 사랑해 주는 사람들과 함께 있는 상태에서 상처 입은 부분에 들어가는 것을 뜻한다. 그들과 함께 하는 사람들은 상처를 치유하는데 시간이 걸릴 수 있다는 것을 인지하고 필요한 시간을 기꺼이 투자하려는 마음을 가진 사람들이어야 한다.

세 번째 종류의 분열은 "반응성 분열"(Reacting Dividedness)이다. 이들은 대개 매우 견고해 보이지만 이따금씩 통제력을 상실한다. 비록 다시 견고한 자아상태로 돌아가더라도 반사적으로 행동할 경우 그들은 위험해질 수 있으며, 사람들과의 관계도 불안정해질 수 있다. 이러한 사람들은 해결되지 않은 A형 외상과 B형 외상 모두를 어느 정도 가지고 있는데, 대부분 통제할 수 있지만 강렬한 감정이 표면으로 떠오르면 내면에 쌓아두었던 미해결된 감정의 덩어리로부터 반사적인 반응을 보이기도 한다. 그들은 자신의 강렬한 반응에 놀라 자신감을 잃고 스스로를 고립시키거나 심한 우울증 혹은 절망에 빠지기도 한다.

1장에서 언급한 것처럼 우리 모두는 어느 정도씩은 분열된 존재이기는 하지만, 그 말은 그 상태로 머물러야 한다는 뜻은 아니다. 당신도 자신의 외상 내력에 따라 위에서 말한 세 가지 종류의 분열 중 하나 혹은 그 이상을 가지고 있을 것이다. 자신의 분열 유형을 파악하는 것은 큰 도움이 된다. 당신 자신의 외상과 분열을 이해하기 위해 시간을 투자하라. 하나님은 당신이 처해 있는 환경이 어떠하든지 그것으로부터 선을 이끌어 내기 원하신다.

영적 개입

외상 회복에 있어서의 기도와 다른 영적 개입의 역할에 대한 질문은 오랫동안 계속되어 왔다. 우리가 영적 개입에 대해 직접적인 지식을 얻게 되었던 셰퍼드 하우스에서의 임상경험 이외에도 짐 프리슨은 이러한 문제들을 직접적으로 다루는 몇 가지 연구를 했다. 여기서 그가 진행했던 두 가지 연구를 언급하는 것이 매우 중요하리라 생각되는데, 이 연구는 많은 기독교 상담자들이 활용하고 있는 것이다. 그 이유는 영적 개입을 활용하는 방법이 매우 효과적으로 나타나고 있기 때문이다.

"**연구 1**"은 외상에서 회복하는 내담자와 상담을 하고 있는 기독교 상담자 66명을 대상으로, 그들이 사용한 영적 개입 방법을 알아보기 위해 실시된 것이다. 사용된 방법은 40개가 넘었으며 그중 10개는 응답자의 90%가 사용하는 것으로 나타났다. 즉, 상담자들이 매우 보편적으로 사용하는 방법이라는 것이다.

1. 상담 회기 중에 기도함
2. 해리된 인격의 부분들이 하나님과 관계를 맺을 수 있도록 적극적으로 추구함
3. 외상의 기억을 드러내주시도록 하나님의 인도를 간구함
4. 상담 회기 중 방해할지 모르는 귀신을 결박함
5. 드러난 외상 기억들을 치유하기 위해 기도함
6. 중보기도 지원을 요청함
7. 해리된 부분에 대해 내담자가 어떻게 영적 힘을 사용할 수 있는지 가르침
8. 내담자의 치료 파트너가 상담 회기에 함께 참석하도록 초청함
9. 내담자의 영적인 가족과 지속적으로 연락함
10. 상담 회기 동안 귀신을 쫓아냄

"연구 1"에 뒤이어 시행된 "연구 2"는 어떠한 영적 개입이 효과적이었느냐는 질문이었다. 두 번째 연구 역시 외상 회복 관련 사역을 하는 기독교 상담자들을 대상으로 삼았으며 102개의 설문지가 회수되었다. 다음은 과반수 이상의 참여자가 매우 효과적이라고 표시한 항목으로서 가장 효과적인 것부터 순서대로 열거한 것이다.

1. 특정 상담 회기에 대해 중보기도함
2. 상담치료 시간 중 밖에서 내담자의 보호를 위해 기도함
3. 외상 기억 치유를 위해 기도함
4. 상담 회기 동안 내담자와 기도함
5. 상담 회기 동안 내담자의 보호를 위해 기도함
6. 상담 회기 동안 장애물이 발견되었을 때, 내담자의 동의 하에 하나님께서 방향을 제시해 주시기를 소리내어 간구함
7. 내담자에게 영향을 미치고 있는 저주나 세대적인 결박을 끊기 위해 기도함
8. 상담 회기 동안 보호와 사역을 위해 천사를 보내주시기를 하나님께 간구함
9. 해리된 인격 부분들이 하나님과 관계를 맺도록 적극적으로 추구함
10. 장애물이 발견되었을 때, 하나님께서 방향을 제시해 주시기를 소리 없이 간구함
11. 상담 회기 이외의 시간에 "대적" 기도를 사용해서 악한 영이 직무를 수행하지 못하도록 막고, 악한 영을 보낸 사람들이 앞으로는 어두움의 힘에 접근하지 못하도록 함
12. 치료의 장벽(견고한 진)을 깨뜨리기 위해 성경 구절을 인용함

13. 내담자의 동의 하에, 감춰져 있는 외상적 기억을 드러나게 해 주시도록 하나님께 간구함
14. 귀신을 몰아내고 영적 괴로움으로부터 보호 받기 위해 자신의 영적 능력을 어떻게 사용할지 해리된 자아 부분들에게 가르침
15. 상담 회기 도중 "대적" 기도를 사용해서 악한 영이 역사하지 못하도록 막고, 악한 영을 보낸 사람들이 앞으로는 어두움의 힘에 접근하지 못하도록 함
16. 상담 회기 도중 귀신의 방해를 묶어 주시도록 소리내어 하나님께 간구함
17. 상담 회기 도중 소리내어 귀신을 쫓음
18. 상담 회기 도중 내담자에 대해 하나님으로부터 오는 지식의 말씀, 혹은 이미지(인상)를 조용히 기다림
19. 상담 회기 도중 예배와 찬양의 일부로서 성경을 읽음
20. 해리된 부분들에 대해 기도하는 것을 가르침
21. 삶 속에 프로그래밍 된 것을 드러내 주시도록 주님께 간구함

이 두 가지 연구는 "기독상담자가 기도하며 치료할 때, 하나님이 적극적으로 개입해 주실 것을 기대하는 것은 매우 정상적

인 실천 기준임"을 매우 잘 보여 준다. 어떤 개입 방식이 다른 것들에 비해 더 적절하기도 한 것은 분명하다. 그럼에도 불구하고 이러한 연구 결과들로부터 우리가 얻게 되는 결론은 "기도는 효과가 있으며 필요하다!"는 점이다.

"인생모델"(Life Model)은 이러한 연구 결과에 찬성한다. 발달 심리학은 사람들이 성숙함을 이루도록 돕는 데에 상당한 도움을 주었다. 의학적 연구는 물론이거니와 가족치료와 공동체 심리학 또한 인생모델의 확립에 중요한 기여를 했다. 그리스도인으로서 우리는 하나님께서 인간을 비롯한 모든 것을 특별한 의도를 가지고 창조하셨음을 믿는다. 또한 심리학이 인간에 대해 가능한 많은 것들을 발견하는데 공헌해왔다는 것을 안다. 그러나 심리학은 인간의 관찰에 제한되어 있는 반면, 영성은 이런 방식으로 제한될 수 없다. 간단한 가이드라인을 제시하자면 다음과 같다.

"심리학은 좋은 것이다. 왜냐하면 우리가 무엇을 위해 기도해야 할지 알 수 있도록 도와주기 때문이다."

위에서 논의한 두 가지 연구는 어떻게 하면 상담 중에 더욱 효과적으로 기도할 수 있을지를 잘 드러내 준다. 성숙이 결핍된 부분을 발견하고 외상적 기억을 해결하며 영적 입양에 대한 하나님의 방향을 발견해 나가면서 우리는 인생 전반에 걸쳐 하나님의 치유와 보호뿐 아니라 인도하심과 지혜를 구하며 계속해서 하나님께로 돌아가야 한다.

거짓된 힘을 깨뜨리기

분열과 상처는 사람이 외상으로부터 얻은 거짓말에 기반한 삶을 살게 하기 때문에 고착된 상태로 삶을 살아가게 한다. 외상적인 사건들은 종종 한 개인의 삶에 상처와 거짓이라는 이중의 파괴적인 유산을 가져다주며, 사람들은 두 가지 모두로 인해 고통을 겪는다. 예수님께서 주신 마음으로 살려면 두 가지 모두를 적절히 다루어야 한다. 그러한 마음으로 살기 위해서는 진리 가운데 살아야 하며, 상처의 일부분인 거짓을 깨뜨려야 한다. 당신이 자신의 상처에서 비롯된 삶을 사는데 인생을 허비해 버린다면, 그것은 "거짓이 당신의 인생을 이끌어 가고 있다"는 것을 증거하는 것이다.

외상의 후유증으로 지속되는 거짓말들 중 흔히 볼 수 있는 것은 다음과 같다. "너는 절대로 나아지지 않을 거야." 널리 퍼져 있는 또 다른 거짓말은 "하나님은 다른 사람들은 도와주셔도 너는 돕지 않으실 거야", "너는 나빠", "너는 남은 평생 동안 마땅히 고통을 겪어야 해", "너는 절대로 안전하지 않을 거야" 등이다. 이러한 거짓말은 각 사람과 그 사람의 외상을 집요하게 따라다니지만, 그것은 거짓이고, 예수님께서 주신 마음으로 살아가기보다는 그들이 받은 상처에 기반해 살아가게 한다.

"너는 절대로 나아지지 않을 거야"라는 말은 오랜 신체적 고통을 일으키는 외상을 따라다니는 전형적인 거짓말로써 이때문에 외상은 정기적으로 반복되는 성향을 띠게 된다. 이때 고통은 멈추지 않을 것만 같아서 그런 일이 다시 일어나는 것을 막을 방법은 아무것도 없다. 이러한 외상들은 개인의 삶에서 너무도 강렬하게 느껴져 거짓조차 진실처럼 보이게 되고, "너는 절대로 나아지지 않을 거야"라는 거짓말은 피해자를 완전히 압도하게 된다. 이러한 거짓을 깨뜨리는 것이 상처를 치유하는 과정의 일부가 되어야만 한다.

거짓을 깨뜨리는 것보다 외상의 종류를 파악하고 치유 받는 일이 반드시 선행되어야 한다. 왜냐하면 상처가 치유되지 않은 채로 남아 있게 되면, 그 자리에 거짓이 다시 붙을 수 있기 때문이다. 만약 "절대로 나아지지 않는" 상처의 기억으로 인해 내면이 곪아 있는 사람이 있다면, 그 거짓말은 깨뜨려지지 않을 것이다. 치유를 받기 전에는 "넌 절대로 나아지지 않을 거야"라는 거짓말이 남아 있을 수 있다. 그러나 외상적인 사건이 일단 드러나 치유되고 나면, 우리는 거짓을 폭로할 수 있다. 그렇게 거짓을 노출하고 나면, 우리는 그것을 진리로 대체할 수 있다.

성경은 이렇게 말한다

"우리의 싸우는 무기는 육신에 속한 것이 아니요 오직 어떤 견고한 진도 무너뜨리는 하나님의 능력이라 모든 이론을 무너뜨리며 하나님 아는 것을 대적하여 높아진 것을 다 무너뜨리고 모든 생각을 사로잡아 그리스도에게 복종하게 하니"(고후 10:4-5).

예수님의 임재와 성령의 인도, 혹은 이와 관련된 성경 구절을 인용함으로써 우리는 거짓을 폭로하고 파괴할 수 있다.

"내게 능력 주시는 자 안에서 내가 모든 것을 할 수 있느니라"(빌 4:13).
"나의 하나님이 그리스도 예수 안에서 영광 가운데 그 풍성한 대로 너희 모든 쓸 것을 채우시리라"(빌 4:19).
"내가 온 것은 양으로 생명을 얻게 하고 더 풍성히 얻게 하려는 것이라"(요 10:10).

이러한 성경 구절들도 모두 거짓말을 깨뜨리는 강력한 말씀들이다. 예수님은 거짓을 드러내시고 쫓아내신다. 상처에 예수님이 임재하시면 그 상처에 붙어 있던 귀신들의 영향력이 파괴되고 제거되며, 거짓이 있었던 곳에 그분의 진리가 확립된다.

거짓을 깨뜨리고 난 뒤에는 소명으로 인도하는 교훈들을 배울 수 있다. 그러한 교훈들은 성경에 기초한 것이다.

"나는 남은 내 평생 동안 고통 속에서 살아갈 운명이 아니다. 내 안에 계시는 그리스도와 함께 충만한 삶을 살기 위해 내가 할 수 있는 것들이 있다."

그 교훈들은 기대한 것보다 더 큰 만족으로 이어진다. 두려움 대신에 기쁨이 자리하는 삶을 살아가는 것이 얼마나 좋은지 사람들이 과소평가하기 때문이다. 이러한 교훈들은 하나님의 가족에 참여함으로써 실천에 옮길 수 있다. 다른 방법으로는 이러한 우리의 필요를 충족시킬 수 없다. 반드시 실제적인 사람들과 함께 하는 실제적인 삶이 있어야만 하는 것이다. 치료만으로는 충분하지 않다. 하나님은 우리 삶에 두신 사람들을 통해 힘을 공급하시고 우리의 필요를 충족시키길 원하신다. 그들이 바로 우리를 입양한 영적 가족이 되는 것이다.

다음은 셰퍼드 하우스에서 회복의 과정을 경험한 한 내담자의 이야기이다. 예수님을 열렬히 사랑하는 한 내담자가 우리 모임에 왔다. 하지만 그녀는 늘 자살 충동에 시달리고 있었다. 비록 그녀는 구원을 받고 술을 끊은지 거의 10년이 되어 갔지만,

해결되지 않은 상처와 거기에 붙어 있는 사탄의 거짓으로 인해 주님이 주신 기쁨은 모두 잃어버리고 깊은 우울증과 자살 충동에 시달리고 있었다.

매주 상담자와 만나면서 신실하신 하나님은 치유가 필요한 상처가 무엇인지 그녀에게 보여 주셨고, 자기 자신과 하나님에 대한 진리에서 벗어나게 했던 사탄의 거짓들이 낱낱이 드러나게 되었다. 그녀는 어렸을 때는 "못생긴 애", 중학교 때는 "있으나마나 한 애", 그리고 고등학교 때는 "잘못된 애"라는 꼬리표를 달고 다녔다. 그녀는 한 아기를 낙태했고, 한 아기는 비공개로 다른 가정에 입양시켰다. 또한 20년 동안 약물중독과 씨름하였고 폭력적인 남자친구에게 구타를 당해왔다. 이러한 상처들에는 "너는 앞으로도 아무런 가치가 없을 거야.", "너는 죽어야만 해. 그러니 용서받지 못할 낙태의 죄를 보상받으려면 어서 자살해!"와 같은 메시지들이 따라다녔다.

각각의 상처가 발견될 때마다, 그녀와 상담자는 하나님의 능력이 그 상처들을 치유해 주길 기도했다. 거짓이 하나씩 드러날 때마다 그녀는 하나님의 진리와 지혜에 의지해 사탄의 거짓을 깨뜨렸다.

그녀가 자신을 정직하게 드러내기 시작하자, 순환성 분열이 일어나는 것 또한 발견되었다. 그녀의 내면은 뚜렷하게 구분되는 세 가지 자아로 나뉘어져 있었다. 두려워하고 슬퍼하는 아이, 징벌적이고 자살 성향이 강한 자아, 강하고 신실한 하나님의 여인으로 말이다. 이렇게 서로 다른 자아들이 치유되고 통합되도록 작업하였을 때, 내담자는 비로소 새로운 힘과 온전함을 누리게 된다.

    치료를 받기 시작한 지 6개월이 되었을 때에 예상치 못한 외상이 그녀를 덮쳤다. 그러나 놀랍게도 과거의 큰 상처가 이미 치유되고, 파괴적인 거짓도 무력화되어 버렸기 때문에, 내담자의 자살 충동은 완전히 사라져 버렸고 이전에 한 번도 경험해 보지 못한 힘을 가지고 새로운 외상과 싸울 수 있게 되었다. 그녀는 새로운 상실에 대해 적절히 애통하고 애도하면서도 여전히 예수님이 주신 마음을 지킬 수 있었고, 하나님이 본래 창조하신 모습대로 살기 시작했다. 이로 인해 그녀는 자신을 돌보는 법을 배우며 성숙을 향한 과업들을 계속해서 이어나갈 수 있게 되었다. 그녀는 하나님이 주시는 기쁨을 더욱 경험할 수 있고, 생명을 더욱 충만히 주고받을 수 있는 능력을 배우게 된다는 기쁨으로 가득 차서, 용기 있는 발걸음을 내딛은 것이다!

순조로운 회복을 위한 지침서

1. 치유를 위해 필요한 자원이 무엇인지 명료화하기 위해 당신의 생애에 어떤 A형 외상과 B형 외상이 있는지 파악하라. 예를 들면, A형 외상은 어린 시절 겪은 결손을 채워줄 수 있도록 잘 돌보아 줄 사람들이 필요하며, B형 외상은 치유를 필요로 한다. 그리고 이 두 가지 유형은 모두 다 거짓을 남기는데 이러한 거짓은 폭로되고 깨지고 진리로 대체되어야 한다.
2. 당신에게 고착되어 있는 특정한 감정, 혹은 회피하려고 유난히 애를 쓰는 특정한 감정들을 파악하라. 이러한 감정들을 자신이 느낄 수 있도록 의도적으로 허락한 후, 주로 당신과 가까운 사람들의 사랑과 지원을 받는 가운데 이미 배운 성숙의 교훈들을 사용하면서 기쁨으로 돌아가는 길을 찾도록 노력하라.
3. 당신의 삶에 치유되지 않고 남아 있는 상처들이 있다면 그 속에 파묻혀 있는 거짓말들을 파악하도록 애쓰라. 거짓의 힘을 깨뜨리기 위해 하나님의 진리를 적극적으로 사용하라. 진리를 알면 거짓으로부터 자유케 되고 자유로운 삶을 살 수 있게 된다.
4. 치유의 과정 가운데 안전하게 보호받을 수 있도록 다른 사람들의 중보기도를 요청하라. 하나님이 당신의 상처를 치유해 주시고 거짓을 깨뜨려 주시며, 거짓을 그분의 진리로 대체하여 주시기를 위해 간구하라.

스터디 가이드

01 상담 회기 중에 기도가 자주 사용될 뿐 아니라 효과적이라는 경험적 연구에 대해 당신은 어떻게 생각하는가?

02 기도와 영적 개입에 대해 소개한 두 가지 연구의 여러 항목 중 어떤 것이 당신 자신의 회복에 도움이 된다고 생각하는가?

03 거짓말의 예를 읽을 때, 당신 자신의 삶에서 외상의 결과로 인해 믿게 된 거짓말에는 어떤 것이 있다고 생각되는가?

04 특정한 외상의 상황과 사건이 그 경험에 대한 거짓말과 어떻게 연결되는지 설명해 보라.

05 특정 외상이 형성한 거짓말이 영원히 고착되기 전에 외상의 상처가 먼저 치유되어야만 하는 이유가 무엇인지 당신이 이해하는 바를 말해 보라.

06 거짓이 깨어지고 난 후, 다른 사람들이 치유 과정에서 맡게 되는 역할과 중요성에 대해 설명해 보라.

07 셰퍼드 하우스에 찾아온 내담자의 이야기를 읽으면서, 치유의 과정에 대해 무엇을 배웠는가?

08 "순조로운 회복을 위한 지침서"를 보라. 이러한 치유의 과정 중 당신은 어디에 속해 있는가?

Part 04

소속감을 향상시키는 여정

chapter 09

공동체,
하나님의 가족에 속하라

삶은 주고받는 것이다. 즉, 자신도 소명을 발견하고 다른 사람들도 그들의 소명에 이르도록 돕는 것이다. 예수님이 당신에게 주신 마음으로 생활하려면, 삶에 필요한 것들을 가족들로부터 공급받는 것에만 국한해서는 안 된다. 공동체 역시 필요하다. 당신은 보살핌이 있는 가족과 당신을 지도하고 보호해 줄 수 있는 남녀들로 이루어진 공동체에 소속되어야 한다.

사실, 아이들은 남녀 양쪽의 양육자(caretaker)를 어느 정도 필요로 한다. 우리는 성장발달에 필요한 것을 시기적절하게 "받음"으로써 성숙하게 된다. 주로 부모들과 공동체의 다른 중요한 사람들로부터 말이다. 이러한 사람들은 우리가 누구인지, 또한 우리가 어떤 사람이 될 수 있는지 보여 주는 하나님의 "거울"이 되어야 한다. 그러나 모든 거울은 조금씩 손상되었거나 뒤틀려 있기 때문에 정확한 이미지를 얻으려면 한 개 이상의 거울이 필요하다. 심지어 훌륭한 부모들조차 모든 것을 채워줄 수 없고 무엇인가 부족하기 마련이기에, 우리는 우리를 위해 거울 역할을 하는 부모 이상의 존재가 필요하다. 이러한 별도의 거울이 없다면, 아마도 우리는 자신의 진정한 자아를 알 수 없을 것이다. 사실상, 우리는 어떠한 발달 단계에 고착되어 있으면서 자라나고 격려 받고 양육 받기를 기다리고 있다.

여기에 한 젊은이의 삶에 공동체가 얼마나 중대한 기여를 했는지 보여 주는 좋은 예가 있다. 그는 초등학교 저학년 때 교장 선생님에 의해 같은 반 친구들이 보는 앞에서 반복해서 창피를 당했다. 그는 학교에서 다른 친구들과 어울리는 기쁨을 누리지 못하고, 권위자로부터 받아야 할 보호를 받지 못했다. 너무 어려서 상처를 입었기 때문에 그는 스스로를 보호할 방법을 알지 못했고, 자신을 학대하며 처벌했던 교장을 향해 반항적인 행동을 일삼기 시작했다. 약 8년 동안, 그 소년은 스스로를 문제아로 규정하는 왜곡된 정체성에 고착되어 있었다. 그는 그러한 역할을 떠맡으면서 자라났고, 계속해서 남성 권위자들에게 도전적으로 행동했다. 공동체의 중요한 멤버가 그 소년에게 외상을 입혔기 때문에 그는 몇 년 동안 그 공동체의 다른 권위자들에게 반항하는 올바르지 못한 행동을 했다. 다른 권위적인 인물이 받았던 분노는 원래 학대를 했던 교장을 향했어야 했던 것이었다.

그가 10대가 되면서 모든 일의 전말이 극명하게 드러났는데, 교장과 자신 사이에 있었던 일을 부모님께 모두 털어 놓고 나서야 비로소 그는 조그마한 위안을 얻을 수 있었다. 생애 처음으로 그는 자신이 사람들에게 온전히 받아들여지고 있음을 느꼈고, 더 나은 행동을 할 기회를 가지게 되었다. 그는 자신의 진정한 자아를 다시 찾기 시작했고, 교장으로 인해 단절되었던 성숙의 과정을 다시 시작했다. 그러나 부모와의 관계를 개선하는 것만으로 "문제아"라는 그의 정체성을 바꾸기는 어려웠다. 학교에 다니는 기간 내내 피아노 선생님은 그가 자신의 재능을 개발하도록 지속적으로 도와주었고, 고등학교 시절의 남자 청소년 지도자는 그의 재능이 꽃피울 수 있도록 도와주었다. 그 과정 동안 부모가 능성적으로 개입하기는 했지만, 이러한 역동적이고 재능 있는 젊은이가 자신의 참된 정체성을 찾기까지는 그를 배려해 주는 남녀로 이루어진 공동체와 격려를 아끼지 않는 친구들이 필요했다. 그를 보살핀 선생님들과 스포츠 멘토들은 이 아이에게 잠재력이 있음을 보았고, 그를 격려해 준 친구들은 그가 고착된 상태에서 벗어나 자신의 기쁨에 다시 연결됨으로써 예수님께서 주신 마음을 되찾도록 도와주었다. 그가 배운 것을 다른 십대들에게 전해 주는 것 역시 중요했다. 그는 학교와 청소년 그룹에서 리더가 됨으로써 그가 속한 공동체에 공헌한 것이다. 학대는 그가 속한 공동체 내에서부터 비롯되긴 했지만 회복 또한 공동체에서부터 비롯되었다. 회복이란 이렇게 이루어지는 것이다.

특별히 십대 기간 동안에는 자기 부모 이외에 그들의 정체성과 재능을 격려해 주고 개발해 줄 다른 성인들이 필요하다. 십대들은 보고 배울 만한 연장자들과 격려해 줄 친구들, 또한 자신이 뭔가를 가르쳐 줄 수 있는 연하의 아이들을 필요로 한다. 성숙해진다는 것은 이미 성숙한 사람들을 본받는 것이며 자기보다 어린 사람들에게 본이 된다는 것을 뜻한나. 성숙해지려면 돌봄이 있는 가족과 공동체에 소속되어 서로 주고받는 경험이 필요하다. 성숙은 평생 걸리는 과정이며 성숙에 이르는 과정에는 기쁨이 가득하다.

영적 입양

하나님의 가족에 합류하는 것은 언제나 깨어짐(brokenness)을 동반한다. 우리는 하나님의 개입 없이는 아무런 희망이 없다는 것을 직시하는 자리에까지 가야 한다. 이것은 우리 모두에게 필요한 것으로 선택하거나 변경될 수 없다. 하나님께서 계신 곳에는 생명이 있다. 그러나 이외의 모든 다른 길은 죽음으로 이어진다.

영적 입양은 하나님이 맺어 주신 관계 속에 결속을 확립하는 것을 말한다. 우리의 삶을 하나님께 드릴 때, 그분은 우리 삶 속에 사람들을 허락하시고 그들을 우리의 영원한 가족으로 삼으신다. 그분은 입양 관계를 미리 정하셨으며 우리는 그분을 기쁘게 하는 방식으로 자라나야 한다. 사실 입양 관계에 대한 하나님의 디자인은 성경 전반에 걸쳐 이야기와 가르침 속에 드러난다. 다음은 삶에 대한 하나님의 디자인의 일부로서 입양이 어떻게 나타나고 있는지를 보여 주는 세 가지 사례들이다.

1. 예수님은 마가복음 10장 29-30절에서 "…나와 및 복음을 위하여 집이나 형제나 자매나 어미나 아비나 자식이나 전토를 버린 자는 금세에 있어 집과 형제와 자매와 모친과 자식과 전토를 백 배나 받되 핍박을 겸하여 받고 내세에 영생을 받지 못할 자가 없느니라"고 약속하신다.
2. 다윗 왕은 시편 68장 5-6절에서 "고아의 아버지시며 과부의 재판장이시며 … 고독한 자를 가족 중에 처하게 하시는" 하나님을 송축하고 있다.
3. 고린도 교인들에게 보낸 사도 바울의 광범위한 가르침 역시 하나님의 가족 안에 있는 입양 관계의 속성을 잘 묘사

하고 있다. "그리스도 안에서 일만 스승이 있으되 아버지는 많지 아니하니 그리스도 예수 안에서 내가 복음으로써 너희를 낳았음이라 그러므로 내가 너희에게 권하노니 너희는 나를 본받는 자가 되라 이로 말미암아 내가 주 안에서 내 사랑하고 신실한 아들 디모데를 너희에게 보내었으니 그가 너희로 하여금 그리스도 예수 안에서 나의 행사 곧 내가 각처 각 교회에서 가르치는 것을 생각나게 하리라"(고전 4:15-17). 이 구절은 그리스도 안에서 아버지와 아들, 형제, 자매로 생활하는 것이 초대 교회에서 바울이 가르친 생활방식임을 암시하고 있으며, 앞에 있는 예수님의 약속이나 다윗의 말과도 일맥상통하다.

예수님께 "예"라고 대답하고 그분을 영접할 때, 우리는 예수님께서 우리를 가족 안에 소속되게 하실 것이라고 기대할 수 있다. 우리는 그분이 우리 마음속에 두신 사랑을 주고받을 수 있도록 이러한 관계들 속에서 사랑의 결속을 갖지 않으면 안 된다.

하나님의 가족이 되면서, 우리는 자신의 내적 존재가 강해지려면 그분의 영광스러운 부요함이 필요하다는 것과(엡 3:16-19) 하나님의 가족 안에 있는 사람들과 연결될 필요가 있다는 것을 인정하게 된다. 에베소서는 하나님의 가족이 하나되는 것, 마음을 다해 서로를 섬기는 것, 각자의 필요에 따라 서로의 덕을 세우는 것을 강조한다. 우리 모두는 깨어진 상태로 시작하여 하나님의 가족에 의지해서 우리 각자의 변화 과정을 만들어 나간다. 기쁨이 충만한 정체성을 가지고 성장할 수 있기 위해서이다.

우리의 생물학적인 가족 구성원들이 영적 가족이기도 한 경우는 축복이라고 할 수 있다. 그러나 그런 경우조차도 하나님은 우리의 성장을 돕기 위해 그분의 공동체에 있는 특정한 사람들을 선택하실 것이고, 그들 또한 우리의 가족이 될 것이다. 우리는 함께 누리는 연합, 서로에 대한 섬김, 그리고 다른 사람의 필요를 채워줌으로써 서로를 세워나가려는 공동의 목표를 가지고 있기 때문에 정기적으로 그들의 지도를 구할 것이다. 하나님의 가족이 되는 데에는 영적 입양이 필수적이다. 우리는 그 안으로 들어가 누리고, 그리고 다른 사람들에게 줄 수 있게 된다.

하나님의 가족은 하나님께서 당신의 삶에 주신 사람들로 이루어져 있는데 그들은 당신의 마음이 필요로 하는 것을 주는 사람들이다. 믿음의 발걸음을 내딛고 "예, 주님을 따르겠습니다"라고 말하는 것은, 당신이 하나님의 가족의 일원이 된다는 것을 뜻한다. 그분은 당신의 마음이 필요로 하는 것을 줄 사람들을 당신 가까이로 이끌어 주신다. 그들은 소속감에 대한 당신의 욕구를 충족시키기 위해 함께 하도록 보냄을 받은 사람들이다. 당신도 성숙해지면 반대로 그들의 소속감을 채워주는 법을 배우게 될 것이다.

영적 입양이라는 개념은 당신의 교회에 있는 모든 사람에게 적용되는 것이 아니다! 물론 그리스도 안에서 유대관계를 맺기는 하지만, 그것은 셰퍼드 하우스에서 생각하는 방식의 "하나님의 가족"은 아니다. 그렇게 많은 사람들에게 가까워진다는 것은 사실상 불가능하기 때문이다. 함께 교회를 다니는 사람들이 다 당신의 확장된 영적 가족이긴 하지만, 하나님은 당신의 마음이 필요로 하는 것을 채워줄 사람들을 택하실 것이다. 하나님은 종종 소그룹, 성가대, 주일학교, 성경공부 등에서 알게 된 사람들을 당신의 영적 가족구성원으로 택하신다. 처음에는 "친척들"처럼도 느껴지지 않지만, 시간이 흐르면서 자신도 모르는 사이에 그들이 점차 당신의 가족으로 입양되었다는 것이 분명해진다. 입양의 경험이 주는 핵심적인 유익은 하나님의 구속이 계속되고 있고, 바로 당신이 그 일부라는 사실을 체험하는 것이다! 당신은 다른 사람들이 소속감을 깊이 느끼고 성숙해져서 하나님께서 의도하신 모습이 될 수 있도록 그들을 돕고 있다.

어떤 사람들은 성경에서 묘사된 것과는 상당히 다른 가정에서 자라난다. 이들은 종종 성인기로 혼자 옮겨 가며 대인기술이 부족하고 성숙도가 낮아 그들의 단점을 극복하기에 적합한 올바른 가족 역동을 경험하지 못한 사람들이다. 그들의 부모는 심각한 역기능을 가지고 있거나 부재했을 수 있고, 그 자녀들은 성장기에 그들이 성숙해지도록 도와줄 공동체를 갖지 못했을 수 있다. 이들은 특정한 성숙 과업을 성취할 기회가 거의 없었다. 영적 입양은 개인의 삶에 존재하는 커다란 공백을 하나님이 채우시도록 맡겨드리는 기회로서, 모든 세부적인 것들을 조율하는 데는 하나님의 존재가 필요하다. 다음은 그러한 입양의 한 사례이다.

어느 날 셰퍼드 하우스에서 우리는 한 여성으로부터 자신의 집 근처에 사는 좋은 상담자를 소개해달라는 문의를 받았다. 그녀는 미대륙의 절반 정도나 떨어져 있는 주에 거주하고 있었는데, 그곳에는 우리가 알고 있는 상담자가 없었다. 대신 우리는 그녀에게 전국의 상담치료자 명단을 갖고 있는 기관의 전화번호를 주었다. 그녀가 집 근처에서 멀지 않은 곳에서 상담자를 발견할 수 있도록 말이다. 몇 달 후, 우리는 그녀로부터 필요한 상담자에게 인도해 주신 하나님께 감사와 찬양을 올리는 편지를 받았다. 우리는 이를 통해 우리가 영적 입양에 관여했다는 것을 알게 되었다! 그녀가 상담치료자 명단에서 처음에 찾은 두 명은 시간이 되지 않았고, 이후, 믿기 어려운 일련의 사건들을 통해 하나님이 염두에 두신 의사를 만나게 인도하셨다는 내용의 편지였다. 그 의사는 그녀가 경험하고 있는 순환성 분열을 치료한 경험이 많은 의사였고, 치료비를 낮춰줌으로써 그녀가 정기적으로 치료를 받을 수 있게 해 주었다. 그녀의 편지에는 이런 말이 적혀 있었다.

"저는 마침내 이상적인 아빠를 갖게 되었어요."

그리고 그녀는 문장 끝에 행복한 얼굴을 그려 넣었다. 아직 그녀의 문제가 다 해결된 것은 아니었지만, 그녀는 자신이 이미 받은 치유에 대해 감사하고 있었다.

"주님께는 능치 못할 일이 없으시다는 것을 믿습니다. 그렇지 않다면, 저를 이 의사에게 인도해 주지 못하셨을 거예요."

그녀는 계속적인 기도 부탁과 축복의 말로 편지를 맺었다.

"하나님의 신실하신 사랑과 그분의 임재를 통한 변화의 능력이 여러분 가운데 나타나기를 기원합니다!"

셰퍼드 하우스에 있는 우리 역시 감사의 마음이 들었다. 그녀의 마음의 필요를 채워 줄 수 있는 사람이 그녀를 입양할 수 있도록 하나님께서 우리를 사용하셨기 때문이다.

하나님의 가족이 제대로만 작동하면 이러한 종류의 입양은 드물지 않게 일어난다. 성경은 분명히 말한다.

"하나님 아버지 앞에서 정결하고 더러움이 없는 경건은 곧 고아와 과부를 그 환난중에 돌보고 또 자기를 지켜 세속에 물들지 아니하는 그것이니라"(약 1:27).

삶을 변화시키는 계시

"하나님 아버지 앞에서 정결하고 더러움이 없는 경건은 곧 고아와 과부를 그 환난중에 돌보고 또 자기를 지켜 세속에 물들지 아니하는 그것이니라"(약 1:27).

이 성경 구절이 어떻게 셰퍼드 하우스에 있는 우리 모두의 삶을 변화시켰는지에 대해 설명하겠다. 우리는 20년 넘게 상처 입은 마음을 다루면서, 심각한 상처를 입은 사람들에게 죽음, 역기능, 거리 등의 문제로 인한 생물학적 가족과의 단절이라는 공통점이 존재한다는 것을 알아냈다. 이 사실을 알아내는 데는 몇 년이 걸렸지만, 일단 그것을 알아내자 진리가 분명히 보였고 계시가 임했다! 특히 상처 받은 사람들이라고 우리가 진단한 사람들, 즉 생물학적 가족의 지지를 전혀 받지 못하고 차단된 사람들은 성경에서 하나님이 매우 특별하게 돌봐야 한다고 명령하고 계시는 과부, 고아, 외국인 등의 그룹이었다. 이 그룹에 속한 사람들의 공통점은 무엇인가? 그들은 죽음이나 역기능, 거리 등의 문제로 인해 가족의 일원이 되지 못한 사람들이었다. 우리는 하나님이 수천 년 동안 우리에게 말씀하셨던 것을 발견하기까지 20년이나 걸렸다. 상처 입은 사람들에게는 실제적이고 살아 있는 사람이 가족들이 필요하다. 하나님의 가족이 의도하는 바가 바로 이것이다. 심각한 상처를 입은 사람들에게 영적 입양은 생과 사, 회복과 결핍의 차이를 의미한다. 하나님의 교훈을 배우기까지는 오랜 시간이 걸렸지만, 일단 배우게 되면 그 교훈들은 절대로 무시될 수 없다.

입양의 수준

영적 입양은 여러 가지 방식으로 일어나며 그것을 찾고자 하는 사람들에게만 분명히 나타난다. 영적 입양은 가족을 갖는 것이 어떤 것인지를 느끼게 해 주기 위한 단순한 역할극이 아니다. 그것은 실제적이고 참된 것으로, 항상 하나님의 구속의 계획에 일부로 포함되어 있다. 영적 입양은 하나님께서 제정하신 영속적인 관계로서 가볍게 취급되어서는 안 된다.

영적 입양은 개인의 삶에 생물학적 가족들이 남긴 공백을 메우는 일을 다른 사람들이 대신해줌으로써 구속이 일어나도록 허락하는 것이다. 이러한 공백이 채워지지 않은 채로 있으면, 그 사람은 자신이 자신을 돌보는 가족 가운데 속해 있다는 사실을 느끼지 못할 것이다. 어떤 사람은 엄마만을 필요로 하거나 혹은 아빠, 자매, 형제만을 필요로 할 수도 있다. 사람들은 가끔 자신들의 부모를 대신할 만한 대리부모들을 필요로 하기도 한다. 입양인은 "대역"(stand-in) 가족구성원(특정한 경우 혹은 일정기간 돕는 것), "보충"(supplement) 가족구성원(부모로부터 좋은 것들을 받았지만 어떤 영역에서는 여전히 결핍이 있는 사람들을 위한 것), "대체"(replacement) 가족구성원 이 세 가지로 나뉘어진다. 처음 두 수준에 있는 사람들은 대개 형제나 자매, 이모나 삼촌의 역할로 입양되지만, 세 번째 수준에 있는 사람들은 입양 부모의 관계를 필요로 한다는 것을 거의 항상 발견하게 된다.

사람들은 누구나 자신의 삶을 꾸려가기 위해 힘들게 애쓰는 동안 특별한 도움을 필요로 하는 때가 있다. 이혼한 사람들이라면 가계 예산을 어떻게 꾸려나갈지, 세탁기를 어떻게 고칠지, 자동차 수리를 위해 정비사와 어떻게 협상을 해야 할지 잘 알지 못하는 경우가 있다. 그 사람에게는 어쩔 줄 모르는 현재의 상태에 도움을 줄 누군가가 필요할 것이다. 그러한 사람들이 "대역" 수준의 영적 입양의 사례라고 할 수 있다. 마음이 깨지고 약해지거나 상처를 입은 사람들은 보통 사람들이라면 손쉽게 해결할 수 있는 작은 문제들을 자발적으로 도와줄 수 있는 대역 수준의 영적 가족들이 많이 필요하다. 특별히 이미 자신의 인생에서 타인의 도움을 받아 본 사람들은 이와 같은 때에 남에게 베풂으로써 엄청난 즐거움을 얻게 되고, 도움을 받은 사람들은 헤아릴 수 없는 유익을 얻게 된다. 주고받는 것은 "대역" 수준의 입양에서 생명을 가져다 준다.

우리 대부분은 또 하나님께서 우리의 삶에 허락해 주신 "보충" 가족구성원을 적어도 한 사람은 찾아낼 수 있다. 사람들은 종종 직장이나 주일학교, 성경공부 그룹에서와 같은 친밀한 그룹에 관여함으로써 "보충" 가족구성원들이 된다. 이런 식으로 사람들과의 우정을 발달시키는 것은 성장에 필요한 친밀함을 갖게 해 준다. 과거를 회상해 보면 우리 대부분은 현재 우리에게 소중한 사람들을 이와 같은 모임에서 만나 더욱더 가족과 같은 관계를 맺기 시작했다는 것을 기억할 수 있다. 하나님께서는 이와 같은 방식을 통해 "보충" 수준의 영적 입양을 이루시며 우리의 필요를 공급하신다. 대부분의 경우, 이들은 우리가 휴일 저녁식사에 초대하는 사람들이며 위기가 있을 때마다 우리가 찾아가는 사람들이다. 그러하기에 이 사람들은 중요하다. 그들은 중요한 순간에 가족의 역할을 감당하는 것이다.

"대체 부모"는 생애 초기에 양육자로부터 심각한 학대나 방치를 경험하였음에도 불구하고 보호를 받지 못한 사람에게 필요하다. 이러한 수준의 입양은 부모 입장에서는 상당히 큰 헌신을 필요로 하며 입양받은 사람의 입장에서도 역시 큰 신뢰가 요구된다. "대체 부모"는 "장로" 수준의 성숙도가 요구되는데, 이러한 대체 부모란 어린아이들의 필요를 채워주는 것에 대해 많이 배운 바 있으며, 몸은 어른으로 성장했지만 유아기 수준의 성숙도에 고착되어 있는 사람들을 도울 준비가 되어 있는 사람들을 의미한다. 유아 수준의 피입양자들에게 헌신적으로 베풀었지만, 좋은 감정이 아무것도 돌아오지 않을 때, 대체 부모는 매우 화가 날 수도 있다. 사실상, 그들이 피입양자에게 돌려받는 것은 좋은 것 대신, 피입양자의 어린 시절부터 해결되지 않은 채 남아 있는 강하고 부정적인 감정들이다. 그런 일이 일어날 때 입양 부모들은 그들의 헌신적인 베풂이 열매 없이 끝나는 것 같이 느껴지게 된다! 그러나 낙심하지 마라. 하나님은 구속을 계획하신 분이기에 실패했다는 느낌을 갖기에는 아직 이르다.

이러한 상황은 대체 부모가 성숙함과 경험을 가지고 있어서 아이들이 어려운 상황에서도 성숙할 수 있도록 도울 수 있을 때, 그리고 이러한 관계가 하나님이 맺어 주신 것이라는 분명한 확신이 있을 때만 좋은 결과를 가져올 수 있다. 이 확신은 장로 수준의 양육자들이 확인시켜줄 때 더 강화되며, 가족과 공동체의 돌봄은 입양된 사람이 성장 배경에서 부족했던 부분을 극복할 수 있도록 돕는다.

우리가 셰퍼드 하우스에서 고통과 입양에 대해 배운 중요한 교훈이 여기 있다. 사람들은 회복의 과정에서 그들이 맞닥뜨리게 될 외상의 강도보다 더 큰 기쁨의 정체성을 필요로 한다. 다시 말해서, 사람들은 그들이 가지고 있는 기쁨의 정체성의 규모보다 더 큰 외상은 극복할 수 없다. 그렇다면 이는 영적 입양이 고통을 가져오는 한 가지 경우를 설명해 준다. 사람들이 입양되면, 입양의 경험은 사람들이 더 큰 기쁨의 용량을 지닐 수 있게 하며, 더 많은 고통을 처리할 수 있게 한다. 이것은 그들이 회복 과정에서 어떤 진척을 보이고 있다는 면에서 좋은 현상이지만,

매우 고통스러운 과정이기도 하다. 특히 피입양자가 영아 수준의 성숙도를 갖고 있는 사람인 경우, 기쁨의 정체성이 많이 형성되지만, 본래 영아 시기의 성숙도에 개인을 고착시켰던 외상이 드러남에 따라 많은 고통이 수반되는 것이다. 우리는 이러한 과정을 여러 번 목격했기 때문에, 입양하는 부모가 자신들이 언제나 기쁨의 감정만을 느끼게 되지는 않을 것이라는 사실을 받아들이도록 준비하는 것이 매우 중요하다는 것을 알게 되었다. 기쁨이 있지만, 거기에는 고통도 함께 존재한다. 고통이 있다고 해서 입양에 문제가 있다는 의미는 아니다. 이는 하나님께서 개인의 삶에 있는 고통을 구속하실 것이라는 것을 의미한다. 이것은 입양 관계가 아니고서는 일어날 수 없는 과정이다.

우리가 배운 또 다른 중요한 교훈은 상담자들이 "대체" 수준의 부모를 필요로 하는 피입양자와의 관계를 맺게 될 때 불행한 결말을 가져올 수 있다는 것이다. 상담자가 내담자와 이러한 수준의 관계를 맺는 경우, 내담자는 내면의 깊은 소속감의 필요가 오직 상담자를 통해서만 채워질 수 있다고 느낄 수 있다. 이러한 결과는 내담자가 유아기 동안 특정한 필요들을 채움받지 못했을 경우에 나타날 수 있다. 문제는 내담자가 더 높은 수준의 성숙도로 옮겨 가기 위해서는 이러한 감정들이 해결되어야 한다는 것이다. 미해결된 유아기적 소속 욕구는 "나는 항상 당신이 필요해요! 당신이 함께 있지 않을 때는 나는 텅 빈 것처럼 느껴져요. 당신이 멀리 있을 땐 나는 소속되어 있지 않은 것처럼 느껴져요"라는 말로 풀이될 수 있다. 어떤 상담자도 내담자가 필요로 하는 소속감을 온전히 채워줄 수 없다. 마찬가지로 어떤 가족구성원도 아이가 필요로 하는 소속감을 혼자서 채워줄 수 없다. 소속감을 채우기 위해서는 가족 전체가 필요하고, 내담자를 돌보아주는 남자와 여자로 이루어진 "공동체"가 필요하며, 돌보아주는 친구들이 필요하다. 상담자 한 사람으로는 충분하지 않다. 상담자는 내담자의 세계에 있는 사람들에게 주의를 기울여서, 그들이 내담자의 소속감에 대한 필요를 성공적으로 채워줄 수 있도록 도와야 한다. 내담자가 자신의 소속감을 채우기 위해 어느 한 사람에게만 매달리기를 고집한다면, 불행이 일어나게 된다. 성숙, 소속감, 그리고 회복은 모두 돌보는 사람들로 이루어진 그룹 안에서 함께 이루어져야 한다. 하나님께서 우리를 위해 계획해 놓으신 방법 이외에는 다른 어떤 방법도 효과가 없다.

스터디 가이드

01 십대 소년의 고통과 회복에 대한 이야기를 읽고 새로 배우게 된 것이 있다면 무엇인가?

02 사람들이 십대 시절에 부모 외에 자신의 정체성과 재능에 대해 격려하고 개발하도록 도와줄 다른 어른들을 만나는 것이 중요한 이유는 무엇인가?

03 영적 입양에 해당되는 것은 무엇이고 해당되지 않는 것은 무엇인지 자신의 말로 설명해 보라. 영적 입양의 개념에 대한 당신의 생각은 어떠한가?

04 영적 입양이 하나님께서 주신 관계 안에서 유대를 쌓아가는 것이라면, 하나님이 언제 누군가가 입양되거나 입양할 것을 의도하셨는지 어떻게 알 수 있는가?

05 입양에 대한 주요 경험은 하나님의 구원(deliverance, rescue, liberation, recovery)이 진행되고 있고, 당신이 거기에 속한다는 뜻이다. 이러한 관계를 이전에 경험한 적이 있는가? 만약 그렇다면, 그것이 당신의 삶에 어떠한 영향이나 변화를 가져왔는가?

06 대역(Stand-in level) 수준에서 영적 입양을 주고 받는다는 것이 어떤 뜻인지 설명해 보라.

07 대체 가족으로부터 주고받는다는 것, 또는 하나님께서 당신의 삶에 보내신 누군가를 위해 대체 가족이 된다는 것이 무엇을 의미하는지 설명해 보라.

08 당신은 당신의 필요를 채워줄 한두 사람만을 바라보고 있는가? 어떻게 하면 공동체로부터 더 많은 도움을 받고, 또 더 많은 도움을 베푸는 사람이 될 수 있을 것 같은가?

chapter 10

영적 입양을
이해하라

입양을 고려하는 자원자(volunteer)가 있다면 다음의 중요한 사항들을 고려할 필요가 있다. 자원자는 다음과 같은 사항이 발생할 수 있다는 것을 미리 알고 주의를 기울여야 한다. 우리는 좋은 의도를 가지고, 입양을 자신들의 선교사역 프로젝트로 바라보는 영적인 부모지망생들을 많이 알고 있다. 그러나 이러한 경우에는 모두에게 좋지 않은 결과를 가져오게 된다. 영적 입양은 이렇게 진행되지 않는다. 입양이 필요한 상처를 가진 사람들은 프로젝트의 대상이 아니다. 그들은 헌신적인 개입이 요구되는 실제 사람들이다. 영적 입양자가 된다는 것은 하나님께서 사람들을 모으실 때, 올바른 타이밍에 하나님의 인도에 주의를 기울이는 것이다. 사람들이 먼저 일어나서 자신이 입양을 하겠다고 자원하는 것이 아니다. 하나님께서 상황을 움직이실 때마다, 사람들은 저변에서 입양이 일어나고 있다는 사실을 알 수 있다. 그분의 직접적인 관여가 없이는 모든 사람에게 좌절과 재앙이 일어나게 될 것이다. 우리는 종종 입양자가 되겠다고 자원하는 사람들에게서 깊고 치유되지 못한 상처들이 있음을 발견했고, 영적 입양에 참여할만큼 충분히 성숙되지 못한 면을 보기도 했다.

영적 입양의 배후에 있는 진리는 다음과 같다.

"오직 하나님 만이 영적 입양을 조직하시고 지휘하실 수 있다. 그분은 영적 입양을 기획하시고 지도하시며 사람들을 모으신다. 우리는 단지 그분의 음성을 듣고 그분의 인도에 순종할 뿐이다. 하나님의 인도하심을 따라 영적 입양에 참여하는 것은, 그분의 놀랍고 변화시키는 구속에 동참하는 것이다!"

두 번째 주의사항은 다음과 같다. 영적 입양은 치유되어야 할 강렬한 감정들을 드러낼 수 있으며 그러한 감정들은 가정 생활을 상당 부분 방해하는 동기가 될 수 있다. 우리가 계속해서 나타나는 가족의 변화에 점점 적응하는 동안, 하나님께서는 놀랍게 일하셔서 구속을 베푸신다. 하나님께서 우리를 성장시키고 계신다는 것을 명심하라! 하나님께서는 2부에 명시되어 있는 변형의 사이클을 통과하는 자리에 우리를 데려다 놓으신다. 성숙을 향해 가는 동안 입양자와 피입양자는 깨어짐과 회복을 경험한다. 그러나 하나님께서 각 개인의 상황과 관계를 주관하셔서 각자의 상처와 필요에 맞도록 하신다는 것을 명심한다면, 어려운 순간에서도 평안을 유지할 수 있다. 영적 입양은 언제나 성령에 의해 시작되고, 관계된 사람들의 동의에 의해 진행되며, 겸손한 마음으로 두려움과 떨림을 가지고 나아가게 된다.

영적 입양에 대해 따라야 할 지도나 규칙이 따로 있지는 않지만, 여기에 영적 입양을 위해 이해해야 할 몇 가지 원리가 있다.

1. 영적 입양은 깨어짐을 인식하고 소속감에 대한 필요를 충족시키는 것이다. 그러므로 우리의 필요를 채우기 위해서는 다른 사람들이 필요하다는 사실을 솔직하게 인정해야만 한다.
2. 하나님은 관계된 사람들이 필요를 채우기 위해 각각의 입양을 맞춤제작 하신다. 한 개인의 상처가 사람에게 받은 것이라면 아마도 그 사람의 회복에 결정적인 역할을 할 수 있는 한 사람이 존재할 것이다. 하나님께서는 아버지의 부

재로 인한 상처를 가진 사람의 특정한 필요를 채워주기 위해 어머니를 데려오지는 않으실 것이다.

영적 입양은 모든 관련된 사람들의 필요를 채우기 위해 의도된 것이다. 성숙의 후기 단계에 있는 사람들은 영적 입양을 통해 다른 사람들에게 주고자 하는 필요를 충족시킬 것이다. 성숙의 초기 단계에 있는 사람들은 받는 것을 통해 유익을 얻을 것이다. 이러한 방식으로, 한 가정에 일어난 한 번의 입양을 통해 많은 사람들이 자신들의 중요한 필요를 채울 수 있다. 이것은 결코 한 사람이 자신의 건강과 온전함이 넘쳐 다른 사람에게 사역을 베푸는 경우가 아니며, 그렇게 될 수도 없다. 사실, 이러한 숲으로 모험을 감행하는 사람들은 그들 자신의 모든 상처와 결핍을 직시할 준비를 해야만 한다! 하나님은 이러한 과정이 관련된 모든 사람에게 구속적 경험이 되도록 의도하셨다.

다음은 영적 입양이 잘못 진행되고 있음을 알려 주는 징후에 주의하기 위한 몇 가지 방법이다.

1. 특정 관계가 하나님께서 마련해두신 관계인지를 결정하기 위해 영적 분별을 구하라. 만약 그것이 하나님께서 주관하

시는 것이 아닌 당신의 생각이거나 다른 사람의 생각이라면, 앞으로 다가올 것은 어려움뿐일 것이다.

2. 두려움 때문에 입양 관계에 들어서지 마라. 만약 당신이 입양을 하도록 강요당하거나 위협 또는 조종에 의해 그렇게 한다면 그것은 제대로 된 입양이 아니다. "우리는 입양할 사람들을 찾아다녀서는 안 된다"는 사실을 명심할 필요가 있다. 우리는 하나님을 바라보아야만 한다. 그분이 우리에게 하라고 하시는 것이 무엇이든 받아들일 수 있도록 말이다.

3. 경건한 사람들의 지혜를 구하라. 영적 입양을 이해하고 자신들의 마음을 알며, 당신을 아는 사람들을 찾아라. 만일 그들이 경고하거나 찬성하지 않는다는 신호를 보낸다면, 그 입양은 하나님께서 마련해두신 것이 아닐 수 있다.

4. 당신이 격려, 안전, 가족, 안정 혹은 동반의식 등 "무엇인가가 필요하기 때문에" 입양 관계에 들어서서는 안 된다. 절대로 자신의 필요를 채우기 위해 영적 입양을 해서는 안 된다. 입양 관계는 오직 하나님께서 상황을 마련하셨을 때만 진행되어야 한다.

5. 절대로 피입양자의 기분이 나아지게 하기 위해 입양 관계에 들어서지 마라. 영적 입양은 회복을 위한 개입이 아니다.

6. 누군가를 도와줄 수 있는 사람이 당신 자신뿐이라고 생각하지 마라. 이러한 생각은 한 개인을 환영하는 가족으로 입양하는 것이 아니라 그 사람을 구출하기 위한 수단으로 이어지기 쉽다. 입양을 하는 유일한 이유가 있다면 그것은 하나님이 주관하셨기 때문이다.

영적 입양의 모습

어린 시절부터 아버지에게 거절을 당하고 자신의 남성성에 상처를 입은 한 사람이 있었다. 그는 형이 자신에게 남자가 되는 "비결을 보여 주기"를 열망했다. 그는 자신과는 다른 종류의 상처였지만, 상처를 지니고 있는 한 형과 우정을 맺게 되었다. 이것은 결과적으로 형제/형제 상호간의 입양이 되었다. 그들은 그냥 친구였다면 하지 않았을 방법으로 서로에게 자기 자신을 내어주었다. 이제 그들의 자녀들은 자기 아버지의 친구를 삼촌이라고 부른다. 그들은 생일에 함께 축하하고 휴가를 함께 보낸다. 그들은 전통적인 "우정"의 모든 규칙들을 깨뜨리고 있으며(돈 빌리기, 함께 살기, 모든 비밀 나누기), 그 어떤 것도 그들의 관계를 방해할 수 없다. 사실, 이러한 삶 속에서의 경험은 그들의 관계를 강화시킨다. 그들은 함께 싸우고 웃으며 형제들이 하듯이 서로를 지지한다. 그들 각자는 그 관계에서 자신의 생물학적인 가족 구성원들과 가졌던 어떤 관계보다 더 가족 같은 느낌을 갖는다. 그들은 남자가 된다는 것이 어떤 의미인지 서로에게서 배우면서 서로 그들이 가진 남성성의 상처에 대해 치유를 받는다.

한 여성은 아버지뿐만 아니라 오빠에게까지 성추행을 당한 끔찍한 외상으로 가득한 아동기를 견뎠다. 구속의 때가 이르자, 하나님은 그녀에게 그녀를 애정을 쏟아 양육하며 안전하게 지켜 주려는 새로운 아버지와 그녀의 친구이자 격려자가 되어 주려는 오빠를 보내주셨다. 그녀는 자신을 보살펴 주고 함께 있기를 원하며 성적인 대상으로 자신을 취급하지 않는 두 남자가 이 세상에 있다는 것을 처음으로 깨달았다. 그녀는 남자들도 믿을 만하고 즐거운 존재라는 것을 깨달았고, 심지어 하나님도 그러한 분이시라는 것을 알게 되었다. 또한 그녀는 희망과 구속의 메시지를 가지고 학대 당하는 다른 여성들을 돕기 시작했다.

포괄적이거나 완전하지 않은 다른 형태의 입양도 있다. 한 친구가 새 자동차를 구입하고 친구와 함께 기뻐했다. 그 남자의 아버지는 한 번도 함께 기뻐하는 시간을 갖지 않았었다. 그는 친구를 태우고 시승식을 했다. 친구는 엔진을 보고 싶어 했고 스테레오의 볼륨을 끝까지 올려 음악을 듣고 싶어 했다. 자동차를 산 남자가 누린, "아버지와 함께 경험했어야 할 일"(Dad stuff)

은 그 빛나는 새 차가 고물이 되어버린 후까지 오랫동안 그에게 남아 있을 것이다. 한 친구는 동료와 함께 평생 처음으로 캠핑을 떠났다. 그는 어떻게 불을 피우고 텐트를 설치하는 지를 배웠다. 그는 자신의 자원과 재능을 어떻게 개발하고, 어떻게 힘든 일을 수행해나가는지를 배웠다. "아버지와 함께 경험했어야 할 일"(Dad stuff)을 더 많이 경험하게 된 것이다. 이것이 구속이 작용하는 방식이다.

한 여성은 마침내 함께 쇼핑을 가고, 화장이나 새로운 남자 친구에 대해 이야기를 나눌 수 있는 친구를 얻었다. 두려움에 사로잡힌 어머니와 학대하는 아버지와 함께 살았던 그녀가 가족 안에서 결코 겪어 보지 못했던 "여자 아이들만의 일"(Girl stuff)이었다. 이 경우 역시 구속이 영적 입양을 통해 작용한 예이다.

"대역"이든 "보충"이든 아니면 "대체" 가족구성원이든, 하나님께서 우리가 서로의 필요를 공급할 수 있도록 영적 입양을 통해 부르시는 방법은 셀 수 없이 많다. 영적 입양에 참여하기 위해 필요한 것은 기술이나 심리학 학위도 아니고, 심지어 정서적인 건강도 아니다. 필요한 것은 단지 구속에 대한 믿음이다. 하나님의 가족은 그렇게 성숙해지고 완전해진다. 한 번에 하나씩의 입양을 통해서 말이다.

사역에 적용하기

목사들과 모든 교회지도자는 자신의 소명이 사역이라는 것을 깨달을 필요가 있다. 사역이란 분명 사람들이 필요로 하는 것을 주는 것을 포함한다. 하나님의 가족은 정기적으로 시간을 할애하여 다음 영역에 대해 가르치고 토론할 필요가 있다.

(1) 성숙의 촉진
(2) 영적 입양을 통해 소속감의 필요를 충족시키는 것의 중요성을 가르치고 실천함
(3) 외상 회복을 위한 훈련과 기회를 제공함

사역은 이러한 세 가지 영역에서 사람들의 삶에 참여하고 삶을 나누는 것을 의미한다. 개인의 삶이나 가정 생활에서 뭔가 고착되어 있는 것 같다면 이러한 각각의 영역에서 결핍이 있는지 찾아보는 것이 좋다.

소속감을 향상시키기 위한 지침들

1. 먼저 자신의 소속감을 평가해 보라. 당신의 가족 구성원들이나 공동체의 핵심 멤버들과의 관계에서 주고받는 방식을 개선하기 위해 할 수 있는 일에 대해 이야기하라. 관계에서 발생하는 문제들을 해결하기 위해 당신이 할 수 있는 일들을 구체적으로 찾아보라.
2. 사랑의 결속은 소속감에 대한 필요를 충족시켜 준다. 나눔과 신체적 친근감을 증진시킬 수 있는 방법을 찾아보라. 나눔과 신체적 친근감은 사랑의 결속을 강화시키기 때문이다. 당신이 사랑하는 사람들과 할 수 있는 기쁘고 즐거운 일들을 구체적으로 찾아보라. 기쁨을 주는 활동을 위해 구분해 놓은 시간들을 철저하게 보호하라.
3. 당신에게 결핍된 것을 공급하시기 위해, 또는 당신의 가족으로부터 채워지지 않았던 공백을 채워주시기 위해 하나님께서 당신의 삶으로 이끌어 오신 사람이 있는지 기도하는 마음으로 찾아보라.
4. 당신을 통해 상대방에게 결핍된 것을 공급해 주시기 위해, 또는 그들 가족으로부터 채워지지 않았던 공백을 채워주시기 위해 하나님께서 당신의 삶으로 이끌어 오신 사람이 있는지 기도하는 마음으로 찾아보라.
5. 당신을 잘 알고 하나님을 아는 사람을 초청하여 당신의 마음의 특징을 파악할 수 있도록 도움을 청하라. 이를 통해 당신은 자신의 논리나 고통, 혹은 스스로의 이해방식으로 살아가는 것이 아니라 예수님께서 주신 마음으로 살아갈 수 있게 된다.
6. 당신에게 생명을 줄 수 있는 "상류에 있는" 적어도 세 명의 사람과 당신으로부터 생명을 받을 "하류에 있는" 세 사람을 찾아라. 어느 한쪽 영역이 결핍되어 있다면 적절한 입양을 통해 이러한 필요들이 충족되도록 기도하라.

스터디 가이드

01 영적 입양에서 "상류에서" 자원하기 원하는 사람들에게 일어날 수 있는 잠재적인 문제들에는 어떤 것들이 있는가?

02 하나님께서 입양 과정에서 일어나는 각각의 상황과 관계가 입양자, 피입양자 모두에게 구속적인 일로 작용하도록 계획하셨다 하더라도, 영적 입양은 입양자, 피입양자 모두에게 강렬한 감정과 혼란을 가져올 수 있다. 여기에 대한 당신의 생각은 어떠한가?

03 영적 입양의 두 가지 원칙 중 어떤 것이 사람들이 받아들이거나 지키기에 더 어렵다고 생각하는가? 그 이유를 말해 보라.

04 영적 입양이 잘못 진행될 수 있는 경계해야 할 신호에 대한 당신의 생각은 무엇인가? 당신의 그룹이나 교회의 구성원들이 이러한 실수에 빠지지 않게 하려면 어떻게 해야 하는가?

05 영적 입양이 어떤 모습인지 그 예들을 살펴보라.
    a. 당신이 유익하다고 여기는 예는 어떤 것인가? 당신은 그러한 입양을 놓고 하나님께 기도로 구하기 원하는가?

b. 예들 중 당신이 다른 사람을 위해 해 볼 수 있는 것이 있는가? 있다면 그것을 위한 역량이 지금 당신에게 있는가? 아니라면 앞으로 관련된 계획을 가지고 있는가?

06 "소속감을 향상시키기 위한 지침들"의 여섯 가지 내용 중에 당신에게 가장 쉬운 것은 무엇이며 가장 어려운 것은 무엇인가? 그 이유를 설명해 보라.

Part **05**

예수님의 마음을
담아가는 여정

chapter 11

예수님이 주신
마음으로 살아가라

우리 모두는 방향을 찾기 원한다. 특별히 인생을 위한 영적 지도(spiritual guidance)를 받기를 간절히 사모한다. 이제부터는 어떻게 하면 우리의 인생을 현명하게 인도해 줄 지식과 분별력을 얻을 수 있는지에 대해 살펴보자. 모든 효과적인 영적 지도는 참된 지식이 머무르는 장소이자 영의 "눈과 귀"가 되는 마음을 통해 우리에게 임한다. 우리의 참된 정체성과 소명을 아는 것 또한 우리 마음을 통해 이루어진다.

우리가 바라보는 것은 우리의 시선에 따라 결정된다. 그러므로 우리의 영안이 하나님을 향하고 있을 때는 진리를 보게 되고, 인도하심과 분별력을 얻게 된다. 하나님의 자녀에게 이것은 그리 어려운 일이 아니다. 기쁨이 우리 마음에 동기를 불어넣어 끊임없이 하나님을 찾게 하기 때문이다. 하나님을 바라보는 것은 그분과의 사랑의 결속에서 비롯된다. 예수님은 우리의 보물이 있는 곳에 우리의 마음도 있다고 말씀하시면서 이러한 진리를 강조하셨다(눅 12:34). 그래서 예수님은 온 마음과 힘을 다하여 우리 주 하나님을 사랑하라고 가르치셨다. 우리는 오로지 우리의 마음이 하나님을 향해 있을 때에만 우리가 알고 있는 것에 대해 확신을 가질 수 있다. 즉, 우리에게 좋은 것이 무엇인지, 우리가 해야 하는 것이 무엇인지, 우리가 누구인지 분명하게 알 수 있다. 그러나 하나님으로부터 시선을 돌리게 되면, 그때에는 우리가 무엇을 분별하게 될지(혹은 보고 듣게 될지) 뻔한 일이다.

참된 앎과 거짓된 앎

우리가 가진 것이 마음뿐이라면, 지식이란 단순히 '우리가 어디를 바라보고 있는가'의 문제일 것이다. 그러나 우리는 다른 형태의 거짓된 지식에 크게 영향을 받고 있다. 하나님께로 향해 있을 때에 마음이 참된 앎의 기관인 것처럼, 우리는 그 반대인 거짓된 앎의 기관도 가지고 있다. 신약 성경의 헬라어 원어에 따르면 이러한 기만적인 앎의 기관은 "육체"(sarx)라고 불린다.

그래서 우리 내면에는 두 가지 별개의 앎의 방식이 서로 경합한다. 때때로 옳고 진실한 '마음'과 언제나 그리고 잘못된 '육체'(사물을 인간적인 관점에서 바라보는 것, ex."육신의 생각은 사망이요 영의 생각은 생명과 평안이니라"롬 8:6.-역주)가 그것이다. 육체는 선과 악에 대한 거짓된 분별력과 거짓된 지도, 그리고 거짓된 지식이 머무르는 곳이다.

육체란, 선과 악을 알고 판단하거나 인식하는 인간의 능력을 의미한다. 우리는 결코 선과 악에 대한 지식을 가지도록 지음 받지 않았고, 그나마 그렇게 갖게 된 지식도 언제나 잘못된 것이다. 인간은 자신의 영적 상태나 성경 지식이 어떠하든지, 또 얼마나 경험을 많이 했든지 상관없이 선과 악을 옳게 분별할 수 없다. 그러한 판단을 내리는 능력은 "육체"로부터 비롯되는데 그 육체는 언제나 오류를 범하기 때문이다. 이것은 너무나 단순해 보여서 믿기 어렵다. 우리는 절대로 "육체"를 갖지 말았어야 했으며, 그것의 영향으로부터 하루 빨리 벗어나야만 한다.

참된 앎은 마음과 육체에 대해서 우리가 가지고 있는 혼돈과 오해라는 가시덤불 미로 속에 감추어져 있는 것 같다. 심지어 "육"(flesh), "옛 사람"(old nature), "죄성"(sin nature)으로 번역되기도 하는 단어인 "sarx"는 너무 많은 혼동과 감정을 불러일으키기 때문에 많은 사람들이 그 단어를 언급하는 것조차도 완전히 포기해 버린 듯하다.

한편, 몇몇 신학생들은 자신들이 헬라어 "sarx"를 잘 안다고 속단하고서는 다시 진지하게 돌아볼 생각조차 하지 않는다. 그래서 우리는 그러한 사람들의 주의를 끌기 위하여 "사르크"(sark)라는 애매모호한 철자를 사용하기로 했다.

마음에 대해서도 비슷한 혼란이 존재한다. 우리의 마음이 "참된 앎"의 수단이라고 가르칠 때, 많은 사람들이 "예레미야 17장 9절은 '만물보다 거짓되고 부패한 것이 마음이며, 누가 능히 이것을 알겠느냐'고 말하지 않습니까?"라고 질문한다. 그들은 이 구절을 하나님께서 우리 마음을 절대로 신뢰하지 말라고 경고하는 의미로 받아들인다. 잠시 후 살펴보겠지만, 실제로 이 구절에서 하나님은 우리의 마음을 건강하게 지키고, 병든 마음은 신뢰하지 말라고 경고하고 계신다. 하나님은 우리가 마음을 통해 그분을 보고 들을 수 있기를 원하신다. 우리 마음의 건강이 중요한 이유가 거기에 있다. 먼저 우리 마음이 건강해져야 한다. 그러나 그 이후에 우리의 이러한 영적 "눈과 귀"는 하나님께로 향해져서 진리를 분별할 수 있게 하여야 한다. 우리는 예수님의 가르침과 모세의 율법 양쪽 모두에 따라 전심으로 하나님을 사랑해야 한다. 예수님은 특별히 우리의 마음속에 내주하신다(엡 3:17).

참된 앎의 세 가지 조건은 다음과 같다.

1. 우리의 마음은 예수님께서 주신 건강한 마음이어야 한다.
2. 우리의 마음은 사랑과 힘을 다해 주를 향해 있어야 한다.
3. 우리는 '사르크'로부터 나온 말과 판단을 피하고, 그것을 제거해야만 한다.

거짓된 앎의 세 가지 조건은 다음과 같다.

1. 우리는 자신의 이해(사르크)에 의지한다.
2. 우리의 마음은 병들고, 눈멀었거나 혹은 귀머거리가 되어 하나님을 분별하지 못한다.
3. 우리의 마음은 하나님께로 향해 있지 않고, 오히려 다른 원천을 사랑하고 이에 귀기울인다.

"너는 마음을 다하여 여호와를 신뢰하고 네 명철(sark)을 의지하지 말라 너는 범사에 그를 인정하라(분별하라, 알라, 마음을 집중하라) 그리하면 네 길을 지도하시리라"(잠 3:5-6).

건강한 마음

이 땅에 지배적인 환경 가운데에서 우리의 마음은 병들고, 무뎌지고, 굳어지거나 심지어 돌처럼 차가워져 죽어 버리기가 쉽다. 불행히도 '사르크'의 경우는 다르다. 잡초처럼 무성하게 자라나서 다른 모든 것을 질식시킬 정도로 위협적인 존재가 된다. 마음에 꽃이 피고 자라날 공간이 허락되기 위해서는 '사르크'의 싹을 철저히 제거하는 것이 필수적이다. 구약의 예언자들은 사람들의 마음이 병들고 죽어 가는 동안 어떻게 '사르크'가 번성해 갔는지를 잘 기록하고 있다-각 사람들은 자신들이 보기에 옳은 대로 행하였던 것이다.

웃시야 왕이 죽던 해에 이사야는 우리 마음에 대한 최초의 건강 검진을 실시한다. 그는 백성들의 마음이 "살찌고" 병들었음에 대해 경고하라는 부르심을 받았던 것이다. 백성들의 마음은 나태해져서 듣기는 들어도 깨닫지 못하고 보기는 보아도 알지 못했다(사 6:9-10). 그들의 마음이 보지도 듣지도 못했기 때문에 그들은 더 이상 진리를 알 수 없었다.

약 120년 후에 예레미야는 더 심각한 상황을 보고한다. 사람들의 마음은 이제 진리를 알 수 없게 되었다. 앞서 인용한 것처럼 예레미야는 그들의 마음을 묘사하기 위해 "병들고 병들었다"(부패하고 거짓되다. 렘 17:9)라는 표현을 쓴다. 히브리어에서 이처럼 같은 단어를 반복해서 쓰는 것은 그 의미를 더욱 강조하기 위함이다. 이 구절은 "치명적으로 아프다" 혹은 "극도로 병들었다"는 말로 바꾸어 쓸 수 있다. 킹제임스 성경(KJV)은 이 구절을

"만물보다 부패하다"라고 번역했는데, 이것은 사실이긴 하지만 다소 오해의 소지가 있다. "심하게 병든" 마음은 사물을 판단하거나 아는 일에 신뢰할 만한 수단이 될 수 없다는 것이 요지인 것이다.

예레미야가 등장한 지 30년 후에 에스겔 선지자는 '사르크'가 너무나 횡행해서 사람들의 마음이 완전히 죽어버렸다고 말한다. 사람들의 마음은 각자의 소행대로 그들의 땅을 더럽혔고 그들의 마음은 이제 돌 같이 굳어 버리게 되었다. 이제 그들에게 남은 유일한 희망은 새로운 마음을 받는 것이었다. 이것은 예수님께서 주시는 마음으로 그분을 닮은 마음이다. 그분이 거하실 수 있고, 그분을 볼 수 있으며 들을 수 있는 마음인 것이다. 이렇게 하나님을 사랑하는 마음은 어떻게 하면 자기답게 행동할 수 있을지를 알려 준다.

예수님께서 당신에게 주신 마음으로 산다는 것은 당신이 본래 창조된 모습으로 살아간다는 의미이다. 이제 당신은 비로소 자기 자신답게 행동하게 되는 것이다. 마음은 자신이 진정으로 누구인지 영적으로 분별할 수 있게 해 주는 곳이다. 하나님의 영에 지배되어 마음으로부터 살아가게 되면, 당신은 영적으로 조화로운 삶의 여정으로 인도하는 내면의 부르심을 좇아 살게 될 것이다. 하나님의 인도하심을 따라 살게 될 것이다.

자기 마음의 특징 알아가기

마음을 통해 우리는 하나님께서 우리를 보시듯 자신을 볼 수 있게 된다. 예수님께서 주시는 마음은 그분 자신의 마음과 같다. 비록 크기는 작지만, 다른 어떤 요소보다 그분의 성품을 많이 반영하고 있기 때문이다. 우리 중 어떤 사람은 더욱 친절하고, 또 어떤 다른 사람은 더 인내할 줄 알며, 다른 어떤 사람은 베풀기를 더 좋아하고, 또 다른 사람은 회복시키는 것을 더 즐겨한다. 하나님의 형상을 따라 만들어진 각 사람의 마음은 하나님의 성품의 일부를 반영한다. 그러나 각각의 사람들은 예수님의 성품 중 특정한 면을 다른 사람보다 더 강하게 드러낸다. 우리 각자는 하나님의 솜씨를 서로 조금씩 다르게 드러내기 때문에, 그분의 다양성이 드러나기 위해서는 개개인으로 이루어진 집단이 필요하다.

마음으로 살아가는 삶은 영으로 살아가는 삶이라고도 할 수 있다. 우리는 마음을 통해서 영적 진리를 인식하기 때문이다. "예수님께서 주신 마음"에서 오는 영적 통찰력은 소위 "마음의 특징"이라고 불리는 하나님이 주신 독특한 면모를 발견하기 위해서 필수적이다. 당신은 하나님 나라의 매우 특별한 목적을 위해 그분께서 손으로 빚으신 존재이기에(엡 2:10) 당신의 마음은 그러한 사명을 잘 감당할 수 있도록 창조되었다. 하나님께서 만들어 주신 본래의 마음을 좇아 살아가는 삶이 지속되면, 이러한 "마음의 특징"이 다른 사람들이나 당신 자신에게 점점 더 분명해지게 될 것이다. 이러한 마음의 특성은 당신의 사명을 드러내 보여 준다.

당신의 열정, 목적, 재능, 고통이 모두 한데 어우러져 내가 누구인지를 알려 주게 되는 것은, 당신이 자신의 마음에 특성을 발견하게 되었음을 보여 주는 중요한 사인(sign)이다. 앤 비어링(Anne M.Bierling)은 이와 같은 방식으로 자신의 마음의 특징을 깨닫게 되었다.

앤이 가장 열정을 가지고 있는 일은 회복시키는 일이었다. 그녀는 어렸을 때부터 어질러진 방이나 옷이 산더미 같이 쌓인 옷장을 정리하는 것처럼 혼란 속에서 아름다움을 회복하는 일을 좋아했다. 어른이 되어서도 그녀는 "쓰다 남은 자투리"들을 활용해서 미적으로 아름다운 인테리어 디자인을 시도하고, 집을 아름답게 꾸미기를 좋아하였다.

하나님은 회복에 대한 그녀의 열정을 다른 영역-상한 마음을 가진 사람들과 산산조각이 난 결혼생활을 회복시키는 것-에까지 넓혀 주셨다. 그때부터 그녀는 완전히 다른 종류의 미적 "인테리어 디자인"을 시도하게 된 셈이었다.

그녀는 직업의 영역에서도 꽤 성공하여 지도자 자리에까지 이르렀고, 교감의 직분에서 주정부 이사회 정식회원의 지위에까지 올라갔다. 하나님께서 부여하신 은사들이 그녀로 하여금 진리를 대변하는 일을 하도록 세우셨음이 명백했다. 예전에 그녀는 "사르크"가 너무도 강력하게 그녀를 설득했기 때문에 "체면을 손상시키지 않는" 한에서만 진실을 말하는 것이 "올바른 행동"이라고 확신했다. 그래서 그녀의 마음이 그녀를 계속 진리로 인도하고 있는 동안에도, 그녀의 '사르크'는 누군가의 심기를 불편하게 하거나 다른 사람들이 그녀를 싫어하게 할 만한 일을 하는 것은 좋은 일이 아니라며 기만적인 논쟁을 시작했다.

이러한 내적 싸움이 늘어 가자, 마침내 그녀는 자신의 마음의 특징 중 하나가 "진리의 여인"이 되는 것이라는 사실을 명백히 알게 되었다. 하나님은 그러한 사명을 위해 그녀를 27년간이나 준비시켜 오신 것이다. 그것을 깨닫게 되자, 앤은 진정한 자기 자신이 되는 데서 오는 자유와 평안을 누리게 되었다. 그녀는 더욱 생산적이고, 효과적으로 노력하면서 자기 자신과 다른 사람들에게 진실해질 수 있게 되었다.

앤은 자신의 회복에 대한 열정과 진리를 말하는 재능이 하나님의 섭리 안에 정교하게 짜여져 있었다는 사실을 깨닫게 되자, 갑자기 모든 것이 서로 들어맞게 되었다. 이제 그녀는 변명하지 않으면서 진실하게 살아갈 수 있게 된 것이다. 그녀는 하나님의 타이밍과 부드러운 힘을 사용하면서, 무모하거나 교만하지 않고, 신중하지만 강력한 방법으로 진리를 전달하게 되었다. 그렇게 할 때 그녀에게 고통과 위험, 두려움이 수반되었는가? 당연하다. 그렇게 할 때 생명과 자유, 그리고 아름다움이 전달되었는가? 두말하면 잔소리이다. 그녀의 마음의 참된 특징을 조각하여 나타내기 위해 하나님께서 사용하신 희생과 땀, 고통은 모두 하나하나 그럴 만한 가치가 있는 것이었다.

마음에 대해 알기 위해서 어른이 될 때까지 기다릴 필요는 없다. 어린아이들은 다른 사람들이 그들을 있는 그대로 즐거워해 줄 때, 자신들의 마음으로부터 살아가는 법을 배운다. 그러나 자신이 즐거움의 대상이 되지 못하고, 관심을 받지 못하며, 사람들이 소중히 여긴다는 느낌을 받지 못하면, 자신의 참된 마음을 발견하지 못하고, 그것에 대해 감사하지도 못하게 된다. 환영받지 못할 때 아이들의 마음은, 하나님이 그러신 것 처럼 고통과 슬픔으로 가득 차게 될 것이다. 다행스럽게도 하나님은 극단적인 학대와 방치 속에서도 그 특징이 파괴되지 않을 정도로 우리의 마음을 강하게 만드셨다. 대신 그 특징이 감추어져 버린다는 것이 문제이다. 사람들, 특별히 어린아이들은 고통 속에 있을 때, 자신의 마음 가까이에 접근하기를 어려워 한다. 상처를 입었을 때 마음의 소리를 듣기란 참 어렵다.

그러나 때때로 우리는 도리어 상처 때문에 우리 마음의 특징을 접하는 계기를 얻게 되기도 한다. 아버지로부터 방치되고 유기된 채로 자라온 한 소년은 자신의 고통으로부터 아버지의 마음을 가지는 것이 얼마나 소중한 지를 배우게 되었다. 자신의 영혼 안에 있는 상처들이 구원받음과 동시에 자기 자녀들에 대한 긍휼과 사랑과 기쁨의 마음으로 변화된 것이다. 자기가 어려서 버림받았던 고통을 겪어 보았기 때문에 그는 밤에 아기가 울 때 달래 줄 필요가 없다고 조언하는 사람들의 말을 듣지 않고, 보살핌의 손길을 절실히 필요로 하는 아기를 매일 밤 안고 있으라는 마음의 소리를 따랐다. 많은 사람들이 그를 비판하였지만, 그는 자신의 마음의 눈을 통해 예수님께서 웃고 계신 것을 느꼈다. 그 아기가 커서 자신감 넘치는 소년으로 당당하게 자라가자, 그는 자신의 마음이 옳은 길로 인도했음을 깨달았다.

출생 시부터 갖고 있는 인간의 결함

자신의 명철을 의지하지 말고, 범사에 우리를 인도하시는 하나님을 인정하라고 하는 데에는 다 이유가 있다. 아무리 많은 정보를 가지고 있다 하더라도, 우리의 이해와 사고는 여전히 오류 투성이고, 우리가 내린 선택은 언제나 빗나가기 마련이다.

이런 문제는 에덴 동산에서부터 시작되었다. 아담과 하와는 선악을 알게 하는 나무를 먹지 말라는 명령을 받았다. 그들은 선과 악의 차이에 대해 알지 못했고, 그런 것을 생각해 본 적도 없었다. 그 대신 그들은 창조주 하나님께서 그들을 디자인한 모습에서 우러나오는 내적 감각을 따라 매우 자유롭고, 자연스럽게 살았다. 그들은 선과 악의 차이를 잘 알고 계신 하나님과 친밀한 관계를 누리며 즐겁게 소통하였다.

아담과 하와가 뱀의 말을 듣고, 그로 하여금 자신들의 선택을 좌우하도록 허용하였을 때, 그들은 선악과를 먹었다. 바로 그 순간 그들은 헛점투성이인 분별력, 즉 '사르크'를 얻게 되었고, 우리 역시 그것을 물려받게 되었다. 그때부터 인간은 자신에게 좋은 것이 무엇인지 알 수 있다는 착각에 빠지기 시작했다. 선악의 차이를 알 수 있다고 착각하는 "선택자"(picker)를 갖게 된 것이다. 이러한 사람들은 선을 행하는 것과 의롭게 행동하는 길을 알고 있으며, 우리 안에 있는 악을 분별할 수 있다고 주장한다.

에덴 동산에서 우리는 우리의 마음을 잃어버리고 옳은 일을 선택하는 것을 전혀 불가능하게 만드는 '사르크'를 갖게 되었다. 아담과 하와는 우리가 본래 싸우지 않아도 되었을 싸움터로 우리를 이끌고 말았다. 본래 우리는 하나님의 인도를 받으면서,

선악을 잊고 살도록 의도되었다. 이제 우리 모두는 기독교인들이 "육체"라고 부르는 태생적 결함을 가지고 이 땅에 태어나게 되었다. 기독교인들은 "육체"(사르크) 때문에 우리가 나쁜 일을 한다고 생각하는데 익숙해져 있다. 사실, '사르크'의 가장 해로운 영향은 우리가 잘못된 일을 행하거나 생각하면서도, 뭔가 옳고 선한 일을 하고 있다고 착각하게 만드는 것이다. 이것은 우리가 하나님의 인도를 따르는 대신 자신의 뜻대로 판단하고 행동할 때마다 발생하는 일이다.

그리스도인이 되고 성령을 받는다고 해서 문제가 사라지는 것은 아니다. 우리는 여전히 '사르크'(결함 투성이의 선택자)를 갖고 있어서, 무엇을 선택하든지 간에 잘못될 것이기 때문이다. 더욱이 하나님은 그렇게 오만한 선택자를 고치거나 구속하지 않으실 것이기에 그것이 바뀌어질 가능성은 전혀 없다. 이것은 우리에게 끔찍한 문제를 안겨 준다. 옳은 일을 "선택하려고" 애쓸 때마다, 혹은 어떤 일이나 누가 옳은지 "선택하려고" 애쓸 때마다, 우리는 언제나 실패할 것이라는 사실이다. 심지어 성경 말씀에 대한 이해에 의지하려는 것도 도움이 되지 않을 것이다. 왜냐하면 우리의 성경 해석조차도 사르크에 의해 조건화 되고, 우리의 마음에 의해 제한되기 때문이다. 의도는 좋지만 편협한 멘토의 가르침과 우리가 가진 상처는 우리의 혼동을 더욱 가중시킬 뿐이다. 어떤 결론에 도달하기 위해서 우리가 선악에 대해 배운 무엇이라도 사용하려면, 우리는 우리 안의 '사르크'를 활성화시킬 수밖에 없다. '사르크'는 우리 안에서 무엇이 선이고 악인지 스스로 결정하는 대담함과 교만함을 지닌 유일한 부분이기 때문이다. 이 오만한 선택자는 구제될 수 없다. 마치 전화번호가 전부 잘못 기재된 전화번호부책처럼, 무얼 찾아보더라도 다 잘못된 정보만을 제공할 것이다. 사르크는 우리와 영적 게임을 하면서, 우리의 마음이 은혜로 가득 찬 하나님의 인도하심을 듣지 못하도록 멀리 떨어뜨려 놓는다. 하나님은 우리가 우리 안에 조성해 놓으신 마음의 특징을 따라 살아가기를 원하신다.

어떤 사람이나 사물이 옳은지 판단하려고 할 때마다 우리는 언제나 오류에 빠지게 된다. 왜냐하면 하나님이 보시는 것을 우리는 다 보지 못하기 때문이다. 하나님은 사람들의 중심(마음)을 보시지만 우리는 그저 외모만을 바라볼 뿐이다(삼상 16:7). 사실 대부분의 성숙한 사람들은 하나님께서 어떤 것이 선하고 어떤 것이 악하다고 생각하시는지 감지하는 데에만도 오랜 훈련이 필요하다(히 5:14).

우리는 또한 무엇이 "옳은 행동"인지 판단하는 것도 실패한다. 우리의 시야가 하나님의 비전에 훨씬 못 미치기 때문이다. 우리가 "옳은" 일을 하지 못하는 이유는 하나님의 마음을 완전하게 이해하는 능력이 우리에게 없기 때문이다. 우리가 조금 잘못되었을 수도 있고, 완전히 잘못되었을 수도 있지만, 어쨌든 우리는 잘못된 것이다. 대부분의 경우, 우리가 잘못을 고치고 잘해 보려고 애쓰면 애쓸수록(사르크를 더 많이 쓰려고 애쓸수록), 우리는 우리 마음의 소리로부터 멀어지게 된다. 마음은 영적인 진리를 분별하지만, 사르크가 끼어들어 자기 뜻대로 '선택하려' 하면 큰 혼란에 빠지게 된다.

우리는 모두 처음부터 결함을 가지고 태어났다. 마음대로 선택하려는 태도(picker) 때문이다. 우리가 출생 때부터 가지고 태어난 결함과 예수님께서 주신 마음 사이에 일어나는 싸움은 평생 동안 결코 끝나지 않을 것이다.

스터디 가이드

01 바른 영적 지도를 받기 위해 필요한 조건들이 무엇이라고 생각하는가?

02 당신은 226-229쪽을 읽고 나서 사르크(육체, 옛 사람, 혹은 죄성)에 대해 어떻게 이해하게 되었는가? 궁금한 것이 있다면 무엇인가?

03 참된 앎을 위해 필요한 세 가지 조건은 무엇인가? 이 중에서 당신이 충족시키는데 가장 어려움을 겪는 조건은 무엇인가? 왜 그런가? 거짓된 앎의 세 가지 조건 중에 어떤 것을 제거하기가 가장 어려운가? 왜 그런가?

04 앤의 경우와 같이 당신 개인의 삶에 있었던 사건, 상처, 열정과 같은 것 중에서 당신은 어떤 것을 통해 자신의 진정한 마음을 볼 수 있었는가?

05 사르크가 어떻게 우리를 왜곡시키고 속여서 잘못된 것들을 선택하도록 만드는지 설명해 보라.

06 "사실, '사르크'의 가장 해로운 영향은 우리가 잘못된 일을 행하거나 생각하면서도, 뭔가 옳고 선한 일을 하고 있다고 착각하게 만드는 것이다". 성경이나 역사 속에서 발견할 수 있는 이러한 예를 들어 보라.

07 샤르크의 소리를 따름으로써 잘못된 선택을 하는 것을 피하기 위해 우리가 취해야 할 방법에는 무엇이 있는지 말해 보라.

⊙ 당신의 진정한 마음의 특징을 알아 볼 수 있는 추가적인 대화형 무료 진단지가 joystartshere.com에 있습니다.

chapter 12

"사르크"와의 싸움에서 승리하라

마음과 사르크

사르크를 따를 때 당신이 얻게 되는 것은 '종교적인 행위'이다. 반대로 마음을 따를 때 얻게 되는 것은 '구원'이다. 그러므로 바른 것을 얻기 위해서 우리가 선택할 것은 무엇인가? 이제 에스겔 36장 25-27절에 약속된 선물에 대해 생각해 보자.

"(주께서 말씀하시되) 맑은 물을 너희에게 뿌려서 너희로 정결하게 하되 곧 너희 모든 더러운 것에서와 모든 우상 숭배에서 너희를 정결하게 할 것이며 또 새 영을 너희 속에 두고 새 마음을 너희에게 주되 너희 육신에서 굳은 마음을 거하고 부

드러운 마음을 줄 것이며 또 내 영을 너희 속에 두어 너희로 내 율례를 행하게 하리니 너희가 내 규례를 지켜 행할지라."

우리는 이제 새로운 안내 지침서를 배워야 할 필요가 있다. 참된 앎을 가능하게 하는 것은 우리의 생각이나 혼, '사르크'가 아니라 새로운 마음이기 때문이다. 마음 안에서 우리는 최고의 안내자(ultimate guide)를 만나 그의 음성을 듣게 된다. 지혜는 마음이 우리의 명철(이해)과 지식을 주관해야 한다고 말한다. 우리는 예수님이 아버지께서 행하시는 것을 보고 그대로 하신 것처럼, 마음을 통해 예수님께서 행하시는 것을 보고 그것을 따른다. 우리에게 마음으로 살아가는 본을 보여 주신 예수님은 끊임없이 하나님을 바라보고 그분의 음성을 들으며 그분과 완벽한 소통을 이루심으로 잘못된 길을 선택하기를 거부하셨다. 예수님께서 우리에게 주신 마음은 비록 다른 사람들에게 혹은 자기 자신에게조차 온전히 설명할 수 없지만, 적어도 하나님께서 우리에게 무엇을 원하시는지는 말해 줄 것이다. 엄마가 원하시는 것이 무엇인지 아는 어린 딸이라도 엄마가 원하는 것이 선한 것인지는 증명할 수 없는 것처럼, 마음도 하나님이 원하시는 바를 알지만 그것이 선한 것인지 '사르크'에게 증명할 수는 없다. 비록 우리의 '선택자'의 평가로서는 마음이 말하고 있는 바를 정당화하지 못한다 할지라도, 하나님이 원하시는 바는 늘 선하다. '사르크'에 따르면 예수님께 부어진 값비싼 향유는 마땅히 팔아서 가난한 자를 도와주어야 했을 돈이었다. 마리아는 마르다처럼 열심히 일해야 했다. 오늘날 교회의 율법주의를 비난하는 사람들조차도 그들 자신이나 다른 사람들이 행동해야 할 "옳은 길"을 분별할 수 있다고 주장하는 경향이 있는데, 이것은 불가능하다.

다른 사람들의 평가나 우리 자신의 사르크에 의해 생겨난 죄책감과 찬사를 기준 삼아 우리가 선하거나 옳은 일을 했는지 판단해서는 안 된다. 역설적이게도, 자기에게 선악을 판단할 능력이 없다는 것을 받아들이기 가장 어려워 하는 사람들이 바로 종교적인 사람들이다. 예수님은 아버지께서 행하시는 것을 보고 그대로 하셨지만, 종교 지도자들은 계속해서 예수님을 "나쁜" 사람으로 바라보았던 것을 생각해 보라. 마가복음 7장에 바리새인들을 대면하는 자리에서, 예수님은 옳고 거룩한 일을 행하지 않는다고 질책 당하였다(율법 교사들은 이러한 소명을 선악을 아는 의례, 즉 '사르크'로 만들어 버렸다). 예수님은 이에 이사야의 글로 강력하게 대응하셨다.

"이 백성이 입술로는 나를 공경하되 마음은 내게서 멀도다 사람의 계명으로 교훈을 삼아 가르치니 나를 헛되이 경배하는도다 … 너희가 하나님의 계명은 버리고 사람의 전통을 지키느니라 또 이르시되 너희가 너희 전통을 지키려고 하나님의 계명을 잘 저버리는도다"(마 7:6-9).

마태복음 23장에서 우리는 그 당시 성경을 가장 잘 인용할 줄 아는 "선택자들"이 얼마나 '사르크'의 충동을 좇아 살아가는지 예수님의 말씀을 통해 알 수 있다. 이들 서기관들과 바리새인들은 하나님의 말씀을 꼼꼼하게 필사하고 연구하면서 살았는데, 예수님은 그들이 추천하는 "옳은 일들"이 다른 사람들에게 너무나 무거운 짐을 지우는 것이며, 자기만족적이고, 약한 자들에게 상처를 입히는 일이라고 설파하셨다. 23-24절에서 그분은 "화 있을진저 외식하는 서기관들과 바리새인들이여 … 율법의 더 중한 바 정의와 긍휼과 믿음은 버렸도다 … 맹인 된 인도자여"라고 말씀하셨다.

사르크의 소리에 귀기울일 때, 우리는 하나님께서 다른 사람들의 삶에 행하고 계신 일을 듣지 못하게 된다. 또한 사르크는 하나님께서 우리 삶에 행하고 계신 일들을 보지 못하게 한다.

어느 추운 12월, 학대가 심한 남편을 떠나겠다고 하는 어느 목회자 사모의 이야기를 듣던 짐 와일더는 자신의 마음과 '사르크' 사이에 갈등이 벌어지고 있음을 발견했다. 즉시 집을 나오겠다는 것은 그녀가 크리스마스 때 자녀들에게 선물은커녕 음식도 제공할 수 없다는 것을 의미했기 때문이다. 그녀는 적어도 자기 남편이 딸들에게 더 이상 성추행을 할 수 없으리라는 생각에 용기와 위안을 삼으려고 애썼다. 짐의 마음은, 크리스마스 저녁식사도 없이 그 세 사람을 그냥 가게 하는 것은 너무나 무정한 일이라고 외치고 있었다. 반대로 그의 사르크는 그녀에게 음식과 선물, 돈을 주는 일은 경계선을 침범하는 일이라고 말하고 있었다. 그러나 예수님이 짐의 내면에 넣어 주신 긍휼의 마음이 너무나 강했기에 그는 훌륭한 크리스마스 식사와 그 달 내내 식사에 필요한 모든 것을 그 모녀에게 공급해 주었다. 그러나 짐의 사르크는 거기서 포기하지 않았다. 짐을 설득해서 그 음식의 출처에 대해 그 사모에게 거짓말을 하게 했다. 어느 교회에서 그 음식을 주고 갔노라고 말함으로써 그는 경계선을 침범하지 않은 것처럼 보일 수 있었다. 짐은 그의 마음의 소리를 경청하였을 때 축복을 받을 수 있었지만, 그의 '사르크'가 여전히 살아나 그를 괴롭게 하였던 것이다.

'사르크'는 끊임없이 마음을 파괴하려고 애쓴다. 사도 바울은 로마서 7장과 8장에서 이것을 잘 묘사했다. '사르크'를 좇아 사는 사람은 죽음에 이르게 되지만 성령을 좇아 행하는 사람들은 생명과 평안을 누리게 된다.

당신의 사르크와의 싸움에서 승리하기

사르크는 당신의 마음의 치명적인 원수이다. 마음은 우리가 참된 앎(true knowing)을 얻을 수 있는 곳이기에, 마음의 치명적인 원수가 거짓말을 한다는 것에 새삼스럽게 놀랄 필요는 없다. 그 중 가장 유용한 거짓말은 '사르크'가 우리에게 좋은 것이 무엇인지에 대해 참 진리를 말하고 있다고 주장하는 것이다. "거짓된 앎"(false knowing)은 우리로 하여금 다른 종류의 거짓말에 취약하게 만든다. 사르크는 곧 문화적 거짓말(세상에서 비롯된 거짓말)과 영적 거짓말(악마적 초자연적주의)과 연합 전선을 구축한다. 이러한 거짓된 앎은 힘을 다하고 목숨을 다하고 뜻을 다하여 하나님을 사랑하는 마음으로 돌아감으로써 물리칠 수 있다.

일상생활 속에서 '사르크'는 우리의 마음을 가로막는 두 가지 방법을 가지고 있다. 한 가지는 순간적으로 떠오르는 '사르크'의 의견이고, 다른 한 가지는 지금까지 우리 삶에 축적되어 온 모든 거짓된 앎의 영향력이다. 우리의 경험 속에 깊이 박혀 있는 이러한 거짓들은 순간적으로 떠오르는 '사르크'의 논리 정연한 거짓말보다 훨씬 더 분간하기가 어렵다. 거짓말은 언제나 해결되지 않은 고통스런 느낌을 남긴다는 것 외에 거짓된 앎의 경험적 근원을 찾아내기란 사실상 지극히 어렵다고 할 수 있다. 외상으로 얻은 고통이 미해결된 채로 남아 있는 곳에서는 언제나 '사르크'가 제공한 '거짓된 앎'이 당신의 기억을 지배한다. 이러한 거짓말들은 '경험과 관련한 거짓말'이라고 불리는데, 무슨 일이 있었는지, 그것이 무엇을 의미하는지, 그리고 선악이 무엇인지에 대해 '사르크'가 주장하는 의견이다.

외상은 사르크나 그의 두 친구-문화적 거짓말과 거짓의 영-가 지어낸 경험적인 거짓말을 통해 오래도록 지속되는 고통을 만들어 낸다. 우리와 세계의 선악에 대한 이러한 기만(속임)은 고통스러운 경험과 뒤섞여서 우리의 기억 속에 곪아 터지게 된다. 삶 속에서 우리가 보이는 반응들은 우리의 경험에 의해 좌우되기 때문에 이러한 경험적 거짓들은 우리가 생각조차 해 본 적이 없는 방식으로 우리의 행동과 감정, 관점과 관계, 선택과 가치관까지 좌우하게 된다.

한 소녀가 성추행을 당한다. 고통과 혼란 속에서 그녀의 '사르크'는 "이런 일이 일어난 것은 네가 나쁜 아이이기 때문이야"라는 결론을 내린다. 문화적 거짓말은 그녀가 먼저 유혹하는 행동을 했기 때문이라고 말한다. 타락한 천사는 "너는 절대로 깨끗케 될 수 없어"라고 말한다. 이러한 거짓말들이 제거되지 않은 채로 있게 되면, 그것들은 계속해서 고통을 야기하고 그녀의 삶을 파괴하며, 그녀가 자신의 마음과 연결되는 것을 가로막는다.

'사르크'는 해결되지 않은 우리 영혼의 고통 속에 깊숙이 뿌리를 내리고서는, 그곳으로부터 에너지를 얻어 왕성하게 자라는 것 같다. '사르크'는 무엇이 선이고 악인지 매우 합리적으로 들리는 "논리적인 거짓말"(logical lies)을 우리의 고통으로부터 만들어 낸다.

우리에게 상처를 주는 것은 무엇이든 악한 것이고, 고통에서 우리를 건져 주는 것은 무엇이든 선하다는 것이다. "예수님은 나를 사랑하시지 않아. 내가 상처 받을 때 구해 주시지 않았으니까…"라고 말하는 것이 그 한 예이다. 이렇게 '사르크'에 의해 선별된 거짓말들은 우리가 듣기 좋아하는 것이다. 왜냐하면 그것들은 고통에 대해 우리가 가지고 있는 믿음을 정당화시켜 주기 때문이다. 상처 입은 사람들은 종종 자기 마음의 소리에 귀기울이는데 어려움을 겪는다. 그 이유는 그들의 '사르크'가 너무나 시끄럽고 강력하기 때문이다.

우리 마음속에 내주하시는 예수님을 미해결된 고통 가운데로 초청하게 되면, 우리는 자신과 다른 사람에 대한 진리를 "경험"하게 된다. 이때 치유와 변화가 우리 마음속에 일어나게 된다. 우리 마음의 "참된 앎"을 통해 우리는 고통스러운 기억 속에 숨겨져 있는 모든 경험적 거짓을 노출시키고 제거한다. 마음의 눈을 통해 자기 자신과 자신의 인생사, 타인들에 대한 진리를 알게 되는 것이다. 다른 이들을 "마음으로" 용서해야 한다고 예수님께서 말씀하신 이유가 여기에 있다(마 18:35).

자신의 고통스러운 기억 속으로 들어가 예수님을 개인적으로 경험함으로써 치유된 사람들은 자유함을 누리고, 관련된 사람들을 더 이상 판단할 필요를 느끼지 않게 된다. 특히 그중에서도 가장 놀라운 변화는 이제 그들이 자신과 그 당시의 상황에 대해 알게 된 사실들이 깊은 깨달음과 평안을 가져오는 분명한 진실이라는 것을 믿게 되는 것이다. "참된 앎"(true knowing)은 "하나님이 우리와 함께 하신다"는 것을 보고 듣는 사람의 마음속에 찾아온다.

이러한 변화를 보여 주는 일반적인 사례는 폭행이나 학대를 당할 때 예수님께 도움을 구했으나 그 응답을 받지 못한 사람들에게서 찾아볼 수 있다. 예수님은 학대를 좋아하신다는 결론을 내린 '사르크'를 가진 한 남자는, 이 기억을 가지고 와서 자신의 '사르크'가 한 말이 진리인지 예수님께 여쭤보았다. 그때 그는 예수님이 자신과 함께 눈물을 흘리며 슬퍼하시는 모습을 보고 크게 위로를 받았다. "예수님은 너무 약해서 나를 도우실 수 없다"고 결론을 내린 '사르크'를 가진 한 여성은 그분이 "언젠가는 네가 이해하게 될 것이다"고 말씀하시는 것을 듣게 되었고, 이 음성은 그녀에게 평안을 가져다 주었다. "나는 너무나 악해서 구원받을 수 없다"고 믿었던 한 소녀는 자신이 어둠 가운데서 높이 들려져서 흰 옷을 입고 있는 것을 보았다. 마음으로 진리를 찾기 위해 애썼던 사람들은 모두 다 평안을 가져다 주는 단순한 대답을 얻게 되었다. 그들은 그 해답이 진리임을 알았다. 하나님을 보고 들었기에 다른 어떤 것도 필요치 않았던 것이다.

논리적으로 들리는 '사르크'의 거짓말을 우리는 잡초를 뽑아 버리듯이 단호히 거부해야 한다. 다시 말하지만 그 해답은 진리를 아는 것에 있다. 우리는 하나님께 '사르크'가 말한 것을 가지고 가서 우리 마음속에 "그것이 진리인가?"라고 질문한다. 그때 우리 마음에 주시는 하나님의 해답이 우리를 자유케 한다.

메리베스 풀(Maribeth Poole)은 학교의 하루 일과를 마감할 때마다 여학생 기숙사 꼭대기 층에 올라가서 혼자 울었다. 그녀는 다섯 살의 나이에 멀리 있는 기숙사 학교로 보내졌고, 어떤 위로도 받을 길이 없었다. 메리베스는 몇 주 동안 매일 그렇게 울었는데, 어느 날 그녀가 꼭대기 층에 올라가 보니 어린 소녀가 먼저 와서 울고 있었다. 자기 자리를 빼앗겨 버렸기 때문에, 메리베스는 어쩔 수 없이 그 작은 소녀 옆에 앉아서 위로해 주었고, 그 뒤로 그녀는 다시 울지 않았다. 기숙사 사감은 메리베스가 더 이상 울지 않았기 때문에 이젠 그녀가 성숙해졌다고 결론을 지었다. 그러나 이것은 어떤 필요를 보이지 않으면 성숙한 것이라는 문화적 거짓말이 낳은 결과였다.

그녀가 절망감에 쌓이자, 그녀의 '사르크'는 또 다른 거짓말을 "진리"라고 결론지었다. 그것은 다른 사람들은 중요하지만 자기 자신은 중요하지 않다는 거짓말이었다. 자신의 경험에 근거해, 그녀는 만일 그때 그곳에 있던 두 여자 아이에게 예수님께서 찾아오셨다면, 다른 아이는 위로하시고 자기는 내버려 두셨을 것이라고 믿게 되었다. 이러한 거짓된 앎의 고통은 성인이 되어서도 그녀의 삶을 계속 침범하여, 그녀는 자신의 필요를 표현하는 능력과 자신의 마음을 이해하는 능력을 개발할 수 없었다.

몇 년 후, 상담자가 된 메리베스는 자신의 마음을 발견하기 시작했다. 그녀는 상담 세션 외의 시간에도 고통을 멈출 수 없는 내담자를 보면 특별히 마음이 끌려 그들을 위로하게 되는 자신을 발견하였다. 그녀가 상담실 밖의 삶 속에서도 내담자들과의 접촉을 이어가자, 당시 그녀가 일하던 상담소의 직원들은 그런 개인적인 표현은 전문가답지 못한 행동이라고 만류하였다. 그들과 그녀의 의견은 곧 양분되었다. 직원들은 올바른 행동이 무엇인지 선택할 수 있다고 자신했지만, 메리베스는 왜 자신의 마음은 그들의 주장과 다르게 말하는지 합리적으로 설명할 수 없었다. 직원들은 소송을 당할까 봐 염려하는 "두려움의 유대관계"에 사로잡혀 있었고 그녀 역시 거기에 동참하기를 원했지만, 한편으로는 상처 받은 사람들과 함께 "사랑의 유대관계"를 맺기를 간절히 원했다. 그러는 동안에도 그녀는, "다른 사람들의 필요는 채워져야 하지만, 자기 자신의 필요는 간과되어도 된다"는 '사르크'의 메시지와 싸워야 했다.

예수님께서 문화적 거짓말과 사르크의 거짓말 모두에 대한 진실을 말씀하셨던 곳은 다름 아닌 그녀의 마음이었다. 메리베스는 오직 그녀의 마음을 통해 하나님께서 자신과 내담자, 그리고 직원들 모두를 사랑하신다는 것을 발견할 수 있었다.

언제 당신의 마음을 알게 되는가?

1. 당신의 마음이 건강하고 생기 넘칠 때
2. 사랑과 힘을 다하여 당신의 마음을 하나님께로 향하게 하였을 때
3. 고통 가운데서도 무엇이 정말로 중요한지 마음으로 들으려 애쓰면서, 하나님께서 당신의 상처에 대해 무엇이라고 말씀하시는지 듣고자 할 때
4. 중요한 대인관계를 통해 생명을 주고받을 때
5. 자신의 참된 모습대로 행동하고자 할 때
6. '사르크'에 저항하고자 할 때
7. 자신의 마음의 소리를 경청할 줄 아는 사람들이 당신 안에서 무엇을 보는지 말해 줄 때

마음으로 살아가기

예수님께서 주신 마음으로 살아간다는 것은, 창조된 본래의 모습으로 돌아가서, 어떤 상황 속에서도 참된 자신을 잃지 않고 살아가게 되는 것을 의미한다. 처음에는 이것이 매우 추상적인 개념인 것처럼 들릴 것이다. 본 저서의 저자 중 한 사람의 삶에서 또 다른 예를 들어 보겠다.

릭 코프키(Rick Koepcke) 부부에게는 품행이 단정하고, 매우 사랑스러운 두 아들이 있었다. 그들은 자기 직업을 사랑했고, 행복한 결혼 생활을 했으며, 좋은 친구들도 있었다. 모든 일이 "제대로" 돌아가는 것처럼 보였고, 그래서 사람들은 그들이 "올바르게" 살아가고 있으므로 하나님께서 틀림없이 복을 주실 것이라고 말하였다.

아닌 게 아니라, 하나님은 그들에게 딱 맞는 일이 일어나게 해 주셨다. 매우 마음이 상한 사람들을 보내셔서 그들의 삶을 마구 뒤흔들어 놓으신 것이다. 아버지의 마음을 가지고 있던 릭은 마음이 상한 사람들 가운데 일부를 영적으로 입양하여, 그의 작고 아름다운 가족의 일부로 받아들이라는 하나님의 부르심을 느꼈다. 그래서 그는 그들을 가족 행사에 초대하기 시작했고, 그들을 위해 생일 파티도 열어 주었다. 그의 행동은 그가 알고 있던 어떤 "규칙"과도 맞지 않았다. 그는 그의 마음이 시키는 대로 했을 뿐이었다. 그러나 이 때문에 그들의 결혼 생활에 갈등이 생겨나기 시작했다. 이를 계기로 두 사람은 각자가 안고 있던 자신들의 상처를 더 자세히 살펴보게 되었다. 상한 마음을 가진 아이들을 위해 기꺼이 고통과 어려움을 감수하고자 한 릭의 의지는 자신에게 긍휼의 마음이 많다는 사실을 일깨워 주었다. 자기의 모든 자녀를 위해 끝까지 싸우려는 의지를 가진 사람, 그리고 긍휼과 정직의 마음을 가진 사람이 되는 것은 릭에게 기쁨을 가져다 주었고, 다른 사람들도 그의 마음에 있는 그러한 특징을 다 관찰할 수 있었다. 그의 가족은 대격변의 시간을 끝내고, 마침내 고통에서 다시 기쁨으로 돌아왔을 때, 하나님께서 그들이 입양한 이 마음 상한 자들만을 구원하시는 것이 아니라 그들 자신들의 삶도 구원하고 계심을 발견하게 되었다. 그의 자녀들은 하나님의 마음에 대해 더 큰 그림을 그릴 수 있게 되었고, 더욱 확대된 "가족"의 정의를 알게 되었다.

마음으로부터 살아가는 것은 모든 규칙을 다 던져 버리고 "느낌"에만 의존하여 사는 것을 의미하지 않는다. 마음은 우리의 감정보다 훨씬 더 깊은 것이다. 예수님께서 주신 마음은 우리 안에 가장 견고한 것이다. 흔히 우리의 감정(emotion)은 우리의 혼(soul)과 마음(heart)이 알고 있는 것을 감당할 능력이 없을 때 압도되어 버린다. 그러나 기쁨의 능력이 증가하면 할수록 우리는 마음과 더불어 사는 법을 익히게 된다.

우리가 예수님이 주신 마음으로 하나님의 얼굴을 바라보게 되면, 그분은 당신의 얼굴 빛을 우리에게 비추어 주심으로 기쁨이 충만하게 해 주신다. 하나님은 우리가 어떤 상황 가운데 있을지라도-수치심이나 분노, 두려움이나 역겨움, 모욕 혹은 심지어 철저한 절망을 경험하는 중에도-"우리와 함께 있기를 즐거워"하신다. 우리는 그분을 사랑한다. 그분은 우리가 어떻게 하면 자신답게 행동할 수 있을지, 또 그럼으로써 다른 이들과 머물며 그들 안에 기쁨을 되돌려 주고 사랑의 유대관계를 든든히 세울 수 있을지, 또한 우리가 받은 위로로 어떻게 그들을 위로해 줄 수 있을지 가르쳐 주신다.

스터디 가이드

01 복음서들은 사르크에 사로잡혀 있던 종교 지도자들이 어떻게 "아버지께서 행하시는 것을 본 대로 행하시는" 예수님을 반복해서 반대하고 비판하였는지를 잘 기록하고 있다. 예수님의 사례는 마음의 소리와 하나님의 음성에 귀기울이고자 애쓰는 크리스천들을 어떻게 격려하는가?

02 짐 와일더의 이야기와 유사한 경험을 한 적이 있는가? 다른 사람들이 당신에 대해 비판적일 때에도 하나님 아버지의 음성에 완전히 순종하였던 적은 언제인가?

03 우리의 마음이 아버지의 진실한 음성을 듣지 못하도록 막는 사르크의 두 가지 방법은 무엇인가?

04 경험적 거짓말과 문화적 거짓말, 그리고 속이는 영이 함께 연합하여 역사하는 것에 대해 당신은 얼마나 이해하고 있는가? 그리고 그들은 오래 지속되는 고통을 만들어 내기 위해 어떻게 서로 연합하며, 사르크는 그 과정에서 어떻게 깊은 뿌리를 내리게 되는가?

05 당신은 경험적인 거짓말과 논리적인 거짓말을 어떻게 정의하는가? 각각의 거짓말을 제거하기 위해 필요한 것은 무엇이라고 생각하는가?

06 메리베스 풀은 어린 시절부터 자신에 대한 거짓말을 배워왔다. 그랬던 그녀가 어디에서 진정한 힘의 근원을 발견하였으며, 그것은 그녀를 어떻게 변화시켰는가?

07 "언제 당신의 마음을 알게 되는가?"에 소개된 항목들을 살펴보라. 당신이 익숙하게 해내는 것은 어떤 것이며, 더욱 노력해야 할 것은 무엇인가?

Part **06**

인생모델(Life Model)을 따르는 여정

chapter 13

인생모델을 따르는
공동체를 이루라

만일 우리가 단편적인 정보만 제공하고 "인생모델"(Life Mode)의 구체적인 청사진을 제공하지 않는다면, 그것은 우리의 잘못이다. 모든 개인이 그러하듯이 모든 교회도 하나님께서 주신 고유한 마음을 가지고 있다. 각 교회가 하나님께서 주신 마음을 발견하게 되면, 그 사역은 성장하고 번성하여 매우 인격적인 모양을 갖추게 된다. 당신의 교회가 부여 받은 고유한 "성격"이 무엇이든 상관없이 우리는 인생모델의 구성 요소들이 당시의 교회 교인들의 영적 건강과 성장에 근본적인 요소라고 믿는다. 이것이 흥미롭지 않은가! 다음의 내용들은 교회 성원들이 "인생모델"을 따라 살아간다면 보편적으로 어떤 모습의 교회가 될 것인지에 대해 우리가 믿는 바를 묘사한 것이다.

"인생모델"을 따르는 교회의 모습

이러한 교회는 성령에 의해 하나님의 구속적인 역사로 인도함을 받는 교회이다. 교인들은 구원과 치유, 악한 영이 떠나감, 그리고 하나님의 가족으로 입양되기를 소원하며 하나님을 바라보는 한편, 온 마음(heart)과 뜻(생각, mind), 목숨(영혼, soul)을 다해 하나님을 추구한다. 그들은 모든 성도가 성숙하게 자라나야 한다는 성경의 명령을 진지하게 받아들이며, 이것을 교회 공동체 전체의 구조를 통해 분명하게 드러낸다. 성숙에 대한 이해와 헌신은 건강한 교회를 구성하는 핵심적인 내용이지만 흔히들 간과해 버린다. 그러나 "인생모델"을 따르는 교회는 공동체에서 성숙이 여러 가지 요소 중 한 가지이긴 하지만, 주요한 것임을 알기에 그 역할에 집중할 줄 안다.

"인생모델"을 따르는 교회 지도자들은 모두 적어도 성인 수준의 성숙도에 도달해 있다. 그들은 자신들의 공적 혹은 사적 행동이 역사에 영향력을 미치고 있음을 안다. 그러한 지도자들은 사회적 인정이나 "공정"하다는 평가, 혹은 인기 있는 의견들을 따르기보다는 진실을 말함으로써-심지어 그것이 힘든 일을 포함할지라도-공동체에 최선의 결과를 가져오는 일에 집중한다. 리더들은 사람들마다 성숙도가 서로 천차만별이라는 것을 이해하고 생물학적인 나이가 성숙의 단계와 반드시 일치하지 않을 수 있다는 것을 안다. 지도자들은 그들 자신과 다른 사람들의 성숙도를 어떻게 평가하는지 알 뿐만 아니라, 성숙에 필요한 과제를 이해하고 그것을 자기 자신에게 적용할 뿐 아니라 다른 사람들에게도 가르쳐 준다. 그들은 이러한 정보를 광범위하게 사용하여서 모든 사람이 성숙에 이를 수 있도록 돕는다.

"인생모델"의 지도자들은 두 가지 유형의 외상, 즉 필수적인 사랑과 보살핌이 부재한 A형 외상과 일어나지 말아야 했던 나쁜 일이 일어난 B형 외상이 정상적인 성숙의 과정을 가로막는다는 것을 깨닫고, 그러한 외상들이 내적 분열을 초래할 수 있다는 것을 이해한다. 그들은 또한 점검하지 않은 죄와 교만 역시 성숙에 큰 장벽이 될 수 있음을 안다. 그리하여 그들은 사람들이 자신의 고통과 아픔을 정직하게 시인하고 치유와 성장을 위한 지원과 지도를 받을 수 있는 공동체를 세우며, 그러한 본을 보인다.

이러한 공동체는 누구를 리더로 세우는지에 대해 매우 신중하며, 또한 모든 교인이 더 깊은 성숙에 이르도록 하기 위해 기도하며 노력한다. 그들은 어른처럼 보이는 사람들도 어린이 수준의 성숙도를 거치지 않았을 수도 있다는 것을 안다. 어떤 목회자는 지도자들이 그에게서 어린이 수준의 성숙도를 발견할 때, 사임하기도 한다. 그는 자기 자신을 적절하게 돌보는 법을 알지 못하기 때문에 청소년들에게 적절한 돌봄을 베풀 수 없다. 그의 내면의 일부는 하나님께서 그의 삶을 인도하시는 것을 원하지 않기에, 그의 자아는 분열되는 것이다. 그는 성인 수준의 성숙도에 이를 수 있도록 장로들에게 위탁되어 돌봄을 받게 되며, 계속해서 자신의 은사와 재능을 사용할 기회를 얻게 될 것이다. 또 훈련을 받고, 성령의 인도함 아래 있는 다른 사람들은 그의 분열된 부분들이 치유되고 통합될 수 있도록 기도하며 노력하도록 요청을 받는다.

하나님은 참으로 "모든 것을 선으로 바꾸실 수 있다"고 믿기 때문에, 이 공동체는 모든 상처와 죄(과거, 현재, 때로는 다세대에 걸친)가 구속되기를 바라면서, 모든 개개인들을 위해 기도하고, 그들 안에 "구속"(redemption)이 이루어지기를 장려한다. 그리고 그들은 특별히 개인의 삶과 그 주변에 대한 공격이 끊김으로써 악에서 구원받기를 위해 기도한다. 그들은 생명을 주고받는 개개인의 능력을 회복시켜서 치유가 증진되도록 애쓴다. 그렇게 되면 그들의 내면의 어떤 부분도 분열되거나 하나님으로부터 나뉘지는 일이 없을 것이다.

또한 그들은 영적 입양을 위해 기도하며 참여한다. 새가족들과 오래된 성도들, 마음에 상처를 입은 이들과 강인한 가족들이 모두 하나님에 의해 성숙하고 번영할 수 있는 영적 가족으로서 깊은 유대관계를 형성할 수 있도록 말이다.

이 공동체는 희락(기쁨)을 느끼는 능력이 인간 성장에서 근본적인 것임을 이해한다. 이러한 능력을 소유한 사람들은 다른 사람들 안에 기쁨이 형성되는 것과 어떤 어려운 경험이나 감정으로부터도 기쁨을 회복하는 법을 그들에게 가르치는 것이 둘 다 중요하다는 것을 이해한다.

지도자들은 결혼이라는 도전이 자신과 타인을 동시에 돌볼 줄 아는 사람, 적어도 성인 수준의 성숙도를 가진 사람만이 아름답게 꾸려나갈 수 있음을 잘 알고 있다. 유아나 어린이 수준의 성숙도를 가진 사람은 결혼 생활을 제대로 이어가지 못할 것이며, 부모로서는 더더욱 문제가 많을 것이다. 사실, 다섯 가지 성숙 수준과 각각의 수준에 필요한 과업을 이해함으로써, 지도자들은 견고한 결혼 예비 상담 등을 통해 불필요한 위기를 예측하고, 더 잘 예방할 수 있다. 또한 결혼 생활의 소용돌이 한가운데 있는 사람들을 더 잘 지도하고 성장시킬 수 있다.

이 공동체는 부모들에게 그들의 자녀들을 소중히 여기도록 격려한다. 유아기와 아동기, 그리고 청소년기의 자녀를 둔 부모들은 그들의 일차적인 책무가 자녀들과 배우자의 성숙과 즐거움에 집중하는 것임을 깨달아 알기 때문에 가족 외적인 의무와 활동에 참여하는 것을 스스로 제한한다. 이러한 부모들은 그들이 어떤 대가를 바라지 않고 주고 있음을 안다. 그들은 아이들이 어떻게 발달하는지, 또한 성숙에 이르기 위해 그들에게 어떤 것이 필요한지를 이해하고 있다. 또 자녀 양육과 관련하여 더 나은 결정을 내리고 실행할 수 있도록 하나님의 지혜와 자기 자녀들을 이미 어른으로 키운 더 성숙한 부모들의 지혜를 끌어낼 줄 안다.

또한 부모들은 "마땅히 행하여야 할 길로 자녀들을 훈련시키기"위해 자녀들 각자를 개인적으로 깊이 이해하고, 고유하며 천부적인 그들 마음의 특성을 발견하도록 돕기 위해 힘써야 한다는 것을 이해하고 있다.

또한 이 공동체는 아이들이 성인이 되는 것을 즐거워한다. 그곳에서는 어린이 수준에서 성인 수준으로 성숙해진 사람들을 위한 통과의례가 열리게 된다. 이들은 자신들의 자원과 재능을 개발하였고, 힘든 일을 하는 법을 배웠다. 또 이들은 필수 불가결한 고통을 받아들이기 시작한, 그리고 참된 만족이 어디에 있는지 발견한 사람들이다. 이들은 인생이란 무엇인가에 대한 "큰 청사진"과 함께 자신의 생물학적 가족사와 하나님의 가족사를 이해하게 된다. 이들은 성인으로서 그들 자신에게 어떤 것이 기대되는지 알고, 도전과 난관을 맞을 준비가 되어 있다. 공동체가 그들을 인도하고, 도와주었기 때문이다.

이러한 교회에서 자라난 아이들은 유아기를 막 떠난 4-5세의 나이에 공동체의 돌봄을 처음으로 받게 된다. 그때까지는 모든 노력의 초점이 엄마, 아빠와 강한 사랑의 결속을 확립하는데 쏠려 있었다. 자신의 필요가 무엇인지 파악하고 필요한 것을 요청하는 법을 배우기 이전까지 그들의 중요한 필요들은 모두 부모에 의해 채워졌다. 그러나 이제 4-5세 경이 되면 아이들은 부모의 주의 깊은 돌봄 아래, 자기 돌봄(self-care) 기술을 가지고 공동체 속으로 들어갈 준비를 마치게 된다. 이것은 아브라함이 이삭의 이유기에 잔치를 벌임으로써 이제 스스로 먹을 수 있게 된 아들을 공동체에서 축하하고 수용하도록 하였던 것에서 그 예를 찾아볼 수 있다.

장로들은 그들의 장성한 생물학적 자녀들을 보살핀 것과 똑같은 하나님의 인도하심을 느끼며, 다른 사람들(특히 가족이 없는 이들)을 두루 살피고 보살핀다. 이처럼 가족의 끈은 영적 가족에까지 확장된다. 장로들은 생애 후반에 하나님이 그들에게 주신 사람들을 보살피고, 보호하고, 사랑하며, 가르친다. 그들은 그들의 돌봄 아래 있는 사람들이 점점 더 생명을 주고받는 것을 기쁨으로 지켜본다. 그들은 모든 사람, 심지어(특히) 지도자들에게도 사랑과 돌봄뿐만 아니라 지도와 지혜를 제공해 줄 수 있는 "상류" 쪽에 위치한 사람들이 필요하다는 것을 이해한다.

지도자들은 입양이 필요한 사람이 소심하고 약한 사람만이 아니라는 것을 안다. 성경은 바울이 루포의 어머니를 "그 어머니는 곧 내 어머니"라고 말하고 있음을 보여 준다(롬 16:13). 예수님 또한 십자가에서 어머니 마리아에게 사랑하는 제자 요한을 아들로 삼게 함으로써 영적 입양을 이루셨다. 강한 인상으로 우리에게 남아 있는 많은 위대한 사람들이 영적 입양의 혜택을 입었다. 하나님이 영적 입양을 지휘하실 때, 그분의 음성에 어떻게 반응하는지에 따라 교인의 생명과 죽음이, 교회의 부흥과 쇠퇴가 좌우된다는 것은 명백한 사실이다. 다른 이를 영적으로 입양하라는 하나님의 부르심에 귀를 기울이는 것은 극히 고통스러운 경험이 될 수 있지만, 이 일은 놀랍도록 아름다운 변화를 낳고 자신이 더욱 그리스도를 닮아가게 한다. 영적 입양은 하나님의 인도와 성숙된 자아, 다른 사람들의 지원을 필요로 한다.

성숙도가 높아지면 남을 비판하는 생각은 줄어들게 되고, 그러한 증거가 이 공동체의 장로들 전체 가운데 분명히 드러나게 된다. 그들은 사람들의 필요를 파악하고, 그들의 성장을 도울 수 있는 지혜를 갖고 있다. 그들은 우월감으로 군림하며 비판하기보다 은혜와 사랑, 희생이 충만한 리더십을 발휘한다. 장로들은 예수님이 그들에게 주신 마음으로 살아갈 때 누리게 되는 자유를 이해하게 되고, 동시에 방심할 수 없는 '사르크'의 위험성도 잘 이해하게 된다. 또한 그들은 마음으로 살아가게 될 때, 하나님의 음성이 더 분명해진다는 것을 발견한다. 그리스도 안에서 그들만의 고유한 정체성을 발견했기 때문에, 이 공동체의 장로들은 다른 사람들도 그들 자신의 마음의 특성을 발견하고, 해방시키고, 양육하도록 돕는 하늘이 주신 은사와 능력을 발휘한다.

이러한 폭넓은 공동체적 생활 방식은 모든 사람으로 하여금 우리 주 예수 그리스도를 온전히 이해하게 하고, 하나님이 애초에 그들 모두를 창조하신 인격의 힘으로 살아가게 한다. 바로 이와 같은 공동체 속에서 사람들은 평생 동안 지속되는 소속감을 가질 수 있다. 그러한 공동체에 소속됨으로써 사람들은 그들의 외상을 정직하게 직면할 수 있을 정도로 기쁨의 정체성을 키우게 된다. 그리고 그렇게 함으로써 하나님이 부여하신 소명에 도달하는 것을 일생 동안 가로막는 장벽들을 극복한다. 모든 사람이 예수님이 주신 마음으로 살아간다는 것은 바로 이러한 것을 말하며, 이는 참으로 만족스러운 삶의 방식이다.

하나님의 가족 안에서 살아가기

이 책의 서두에서 우리는 교회 지도자들과 교회 공동체의 상처 입은 사람들을 위해 이 글을 쓴다고 밝힌 바 있다. 1부에서는 그 두 집단이 서로 양립할 수 없는 것처럼 낯설게 보였는지 모르지만, 지금쯤이면 당신이 이 두 집단이 필요나 잠재력의 면에 있어 서로 매우 비슷하다는 것을 새로 깨닫게 되었기를 바란다.

상처 입은 사람들과 지도자들 모두 사랑의 가족들을 필요로 한다. 그들이 성숙해지도록 보살피는 사람들, 그들의 개인적인 외상들을 정직하게 나누고 치유할 수 있는 안전한 장소, 생명을 주고받을 수 있는 기회가 주어지는 관계들이 모두 필요한 것이다. 더욱이 때로는 상처 입은 사람이 성숙한 지도자로 발돋움하기도 한다. 예를 들어, 새로운 외상이나 미해결된 오랜 상처의 맹렬한 공격을 받고 있는 지도자는 치유될 수 있는 장소가 필요한 반면, 상처에서 치유 받은 사람은 교회 공동체에 핵심적인 공헌자가 되기도 한다. 어떤 시점에서, 모든 지도자는 다른 사람들로부터 생명을 "받는" 입장에 있을 것이며, 상처 입은 모든 사람은 결국에 다른 사람들에게 생명을 "주는" 입장에 서게 될 것이다. 하나님은 우리가 생명을 주고받으며 교환하는 가운데 가장 충만한 삶을 살도록 우리 모두를 디자인하셨다. 이러한 과정을 통해서 교회가 살아나며, 모든 사람은 그들이 교회에 절대적으로 필요한 존재인 것을 깨닫게 된다!

그것이야말로 하나님의 가족으로서 살아갈 때 나타나는 교회의 아름다움이고, "마음으로 살아가는" 사람들이 있는 기독교 공동체의 힘이다. 그리고 그것이 '인생모델'의 목적이자 힘이다.

스터디 가이드

01 당신의 교회는 하나님이 주신 고유한 마음과 사명을 발견했는가? 그렇다면 그것은 무엇인가?

02 당신의 경험에 비추어 볼 때, 일반적으로 교회가 그 멤버들을 성숙하게 만들기 위해 시도하는 것은 무엇인가? 어떤 면에서 그것은 "인생모델"의 개념과 유사한가 혹은 차이가 나는가?

03 당신은 대부분의 교회 지도자들이 성숙의 다양한 수준에 대해 이해하고 있다고 생각하는가? 왜 그렇다고 생각하는가 혹은 그렇지 않다고 생각하는가?

04 모든 교회의 지도자들이 성인이나 그 이상의 성숙도를 가지고 있다면, 그 교회가 누리게 될 이점은 무엇이라고 생각하는가?

05 당신의 교회는 정기적으로 예배에 출석하는 교인들에게 어떤 방식으로 "소속감"을 제공해 주는가? 이러한 방법 외에 당신의 교회에 추천하고 싶은 다른 방법들이 있는가?

06 당신의 교회는 어린이들과 청소년들이 그들의 성숙 과제를 성취하는 것을 어떻게 돕고 있는가? 이러한 방법 외에 여러분의 교회에 추천하고 싶은 다른 방법들이 있는가?

07 당신의 교회 교인들이 서로서로 생명을 주고받는 모습을 보여 주는 좋은 예가 있는가? 이러한 방법 외에 당신의 교회에 추천하고 싶은 다른 방법들이 있는가?

08 어떻게 우리 교회 안에 있는 강한 자들(우리 교회의 지도자들)과 약한 자들(상처 받고, 덜 성숙한 자들)이 그들의 필요와 잠재력 면에서 서로 비슷한지 설명해 보라.

chapter 14
당신의 성숙도를 점검하라

278쪽에 있는 "당신이 있는 곳을 살펴보라"는 이 책을 공부하는 동안 어떤 부분에서 얼마만한 성장을 이루었는지를 기록하도록 돕는 측정표이다. 이것은 당신이 계속해서 나아가야 할 다음 번 성숙의 단계가 무엇인지에 대해 좀 더 분명한 그림을 그릴 수 있도록 도와줄 것이다. 여기에 먼저 답을 한 후, 다음의 질문에 대해서도 답해 보도록 하라.

1. 당신이 당신 자신을 평가한 내용에 대해 얼마나 만족스러운가? 그것에 대해 설명해 보라.
2. 이 책을 공부하는 동안 어떤 면에서 자라났는가? 예를 들

어 보라.

3. 이제 공부를 마쳤는데, 당신 자신을 위해 계속해서 추구하고 싶은 한두 가지 목표가 있다면 그것은 무엇인가?
4. 이러한 목표를 실질적으로 달성하기 위해 꼭 필요한 도움은 무엇인가?
5. 이러한 성숙의 목표를 향하여 나아가고자 할 때, 당신과 동행하며 지지해 주도록 부탁할 수 있는 사람은 누구인가?

당신이 있는 곳을 살펴보라

1. 성숙(maturity)

- 당신은 자신의 잠재력에 도달하고 있는가?
- "성숙의 지표"의 첫 번째 열을 점검한 후(98-102쪽), 당신의 성숙 단계가 어느 정도인지 확인해 보라. 당신은 어떤 성숙 과제를 완수했는가?
- 마지막 열을 살펴보고 당신이 실패한 과제가 무엇인지 찾아보라.
- 그 결손을 보충하기 위해 당신에게 필요한 것은 무엇인가?

당신은 자신의 성숙도에 대해 얼마나 만족하는가?

2. 회복(recovery)

- 당신은 자신의 삶에 있는 고통을 직면하며 또한 성장하고 있는가?
- 당신이 겪은 A형 외상과 B형 외상은 무엇인가?
- 당신이 고착되어 있는 감정들은 무엇인가?
- 당신의 회복을 방해하고 있는 거짓말은 무엇인가?
- 당신은 자신의 회복에 대해 얼마나 만족하는가?

1 매우 불만족   2 불만족   3 보통   4 만족   5 매우 만족

3. 소속(belonging)

- 당신의 관계는 기쁨이나 두려움 중 어떤 특징이 더 많은가?
- 당신의 관계에는 주고받는 것이 있는가?
- 당신에게는 당신을 알고 격려해 주는 가족이 있는가?
- 당신은 필요할 때 "장로 수준의 지혜"(elder level wisdom)를 줄 수 있는 공동체와 같이 큰 가족에 속해 있는가?
- 당신은 자신의 소속감에 대해 얼마나 만족하는가?

1 매우 불만족   2 불만족   3 보통   4 만족   5 매우 만족

4. 마음(your heart)

- 당신은 계속되는 '사르크'와의 싸움에서 이기고 있는가?
- '사르크'가 당신을 잡아당길 때 그것을 분별할 수 있는가?
- 당신은 '사르크'를 효과적으로 물리칠 무기가 있는가?
- 하나님의 인도를 추구하는 것이 당신에게 중요한가?
- 당신 자신의 마음의 특성을 알고 있는가?
- 당신은 자신의 마음으로 살아가는 것(living from your heart)에 대해 얼마나 성공하였고, 그 성공에 만족해 하는가?

'인생모델'에 대한 성경적 근거

성숙(Maturity)

성숙의 개념이 중요하게 다루어진 구절들:
시 148:12 ; 창 44:20 ; 레 19:32 ; 잠 17:6, 20:29 ;
욜 2:28 ; 행 2:17 ; 요일 2:13-14

성숙이라는 단어가 사용된 주요 구절들:
눅 2:52 ; 엡 4:11-16 ; 벧후 1:5-9, 3:18 ; 고전 13:11

미성숙을 문제로 본 구절들:
고전 3:2 히 5:12-13

영적 입양(Spiritual Adoption)

영적 가족이 설명된 구절들

삼상 3:6, 3:16	엘리와 사무엘(아버지-아들)
삼하 1:26	다윗과 요나단(형제-형제)
막 10:30	형제, 자매, 어머니, 자녀
요 19:25-27	요한과 마리아(어머니-아들)
롬 16:13	바울과 루포의 어머니(어머니-아들)
고전 4:15	(아버지와 자녀들)
고전 16:1	(형제-형제)
딤전 2:1	(아버지-아들)
딤전 5:2	(형제-자매, 어머니-아들)
딛 1:4	(아버지-아들)
몬 1:10	오네시모와 바울(아버지-아들)
벧전 5:13	베드로와 마가(아버지/장로-아들)

부록 A

2부 참고 내용

원저자들에 의해 쓰여진 다음의 본문은 원래 2부의 도입 부분 바로 앞에 배치되어 있었다. 두려움의 유대관계를 사랑의 유대관계로 바꾸는 것은 성숙의 단계와 기술과 매우 밀접한 관계가 있기에 이후 그 주제는 2부 안에 "성숙의 단계들" 바로 뒤에 배치되었다. 이번 개정판에서는 두려움을 사랑으로 바꾸는 법에 대해 제안한 짐 와일더 박사의 실천 지침을 2부에 새롭게 포함하면서, 기존에 있던 본문을 여기로 옮겨 실었다.

두려움의 유대관계를 사랑의 유대관계로 변화시키기

당신이 사랑의 유대관계로 연결되어 있는지의 여부를 판가름 할 수 있는 한 가지 방법은, 누군가와 함께 있다가 헤어진 후에 당신의 기분이 어떠한지를 점검하는 것이다. 만일 당신이 헤어진 후에도 대체로 만족스럽고, 힘이 나며, 안정감과 자신감을 느낀다면, 그와 사랑의 유대관계를 맺고 있을 가능성이 높다.

사랑의 유대관계는 우리에게 힘을 실어 주고, 우리 안에 있는 최고의 잠재력을 이끌어 내는 성향이 있기 때문이다. 그러나 만약 당신이 누군가와 함께 있다가 헤어졌을 때, 불안하고 긴장되며 혼란스럽고 기운이 빠진다면, 그 관계는 두려움의 유대관계일 가능성이 높다.

어렵기는 하지만, 두려움의 유대관계를 사랑의 유대관계로 변화시키는 일은 가능하다. 당신이 성공적으로 이 일을 해낼 때, 두 사람은 기쁨을 경험할 가능성이 더 커지며 기쁨의 관계로 돌아갈 수 있게 된다. 이와 같이 중요한 전환을 이루어 내기 위해서는 다음의 두 가지 중요한 질문에 대해 답할 수 있어야 한다.

1. 나는 나 자신을 아는가? 진정으로 나답게 행동하는 것은 어떤 모습인가?
2. 이러한 관계 속에서도 나의 자아(sense of self)를 유지할 수 있는가?

두려움의 유대관계에서 사랑의 유대관계로 옮겨 갈 때 필요한 단계들

1. 당신이 누구인지 분명히 알고, 그것을 즐겨라

사랑의 유대관계를 이루기 위해서는 자신의 참 자아를 아는 두 사람이 필요하다. 그러므로 다른 사람과 유대관계를 맺기 전에 당신은 당신 자신의 참 자아를 이해해야 한다. 또한 그것을 즐거워할 줄 아는 마음의 태도도 매우 중요하다. 예를 들어, 무엇이 당신에게 큰 만족을 가져다 주는지를 생각해 보라. 당신은 당신 자신의 특성 가운데 어떤 부분을 가장 자랑스럽게 생각하는가? 당신이 기쁨을 경험하도록 도와주는 것은 무엇인가? 당신은 나중에 반드시 후회하게 될 방법이 아닌 건강한 방법을 통해 상한 감정에서 기쁨으로 복귀할 수 있는가? 당신은 다른 사람에게 호감을 얻기 위해 특별한 신분이나 소유물이 있어야 한다고 느끼는가? 당신은 현재 맺고 있는 관계들의 특징을 묘사할 수 있겠는가? 사랑과 자유가 있는가? 아니면 부족함과 두려움인가? 당신은 현재 맺고 있는 관계 가운데서 당신 자신이 될 수 있는가? 또한 다른 사람들이 그들 자신이 되는 것을 허락하는가?

솔직한 마음으로 이 질문들과 씨름하면서 관계 가운데 참된 자신으로 남아 있고자 애쓴다면, 당신은 아마도 약간의 두려움과 저항을 경험하게 될 것이다. 그렇지만 우리 모두는 애초부터 변화에 대해 불편해 한다는 사실을 기억하자. 만약 당신이 인내할 수 있는 믿음과 용기를 가지고 있다면, 당신은 자신을 더 즐기게 될 것이고, 다른 사람과 사랑의 유대관계를 맺을 가능성이 높아지게 될 것이다.

2. 당신의 행동과 감정에 대해 책임지라

두려움의 유대관계를 맺는 사람들은 흔히 상대방이 무슨 생각을 하고 무엇을 느끼는지, 그리고 그들을 화나게 하지 않으려면 어떻게 해야 할지 예측할 수 있어야 한다고 믿는다. 설사 우리가 다른 사람들의 생각을 읽을 수 있다 하더라도, 우리는 우리에 대한 그들의 반응을 통제할 수 없으며, 그것은 우리의 책임도 아니다. 우리는 우리 자신의 행동에 대해서만 책임이 있기 때문이다. 우리가 통제할 수 있는 것은 그것뿐이다. 우리가 남을 통제하거나 조종한다든가 혹은 마음의 문을 닫아버리면, 상대방은 우리가 무슨 생각을 하고, 어떻게 느끼는지 짐작하려고 강박적으로 애쓰게 되기 때문에, 우리는 그 관계에 두려움을 더하게 되는 것이다. 우리는 다른 사람을 통제하는 대신에 스스로에 대해 책임을 짐으로써, 두려움이나 절망감 때문에 행동하고 있지 않다는 메시지를 상대방에게 보내야 한다. 그러면 그들 역시 두려움 때문에 행동할 필요가 없게 된다.

3. 당신이 맺고 있는 관계 가운데 두려움의 유대관계가 존재함을 인식하라

우리는 관계 속에서 찾아오는 두려움에 의해 빈번히 동기부여를 받고 있다는 사실을 잘 깨닫지 못한다. 두려움의 유대관계

는 다음과 같은 두려움의 요소들을 중심으로 형성된다.
　a) 거절에 대한 두려움 : "이 관계를 지속하려면 내가 할 수 있는 모든 것을 해야만 한다."
　b) 분노에 대한 두려움 : "나는 다른 사람이 내게 화내는 것을 견딜 수가 없다."
　c) 망신 당하는 것에 대한 두려움 : "나는 다른 사람이 나의 약점이나 결함을 보게 할 수 없다."

4. 결과를 통제하고자 하는 마음을 내려 놓아라

사랑의 유대관계는 기쁨으로 돌아갈 수 있는 당신의 능력에 기초하고 있기 때문에, 상대방의 반응이나 행동에 좌지우지 되지 않는다. 그 관계는 모든 상황 속에서 참된 자기 자신이 되는 것에 기초하고 있고, 내가 같이 있으면 즐거운 사람이라는 확신 위에 견고히 서 있다. 이제 관계를 통제하려는 마음과 다른 사람의 행동에 대해 책임지려는 마음을 더 많이 내려 놓고, 단순히 자기 자신이 되는 것에만 집중하라. 그러면 매우 흥미롭게도, 당신이 원하는 결과를 얻게 될 가능성은 더욱 높아질 것이다.

부록 B

인생모델이란 무엇인가?

상처 받은 사람들이 단순히 회복하거나 "그럭저럭" 살아가는데 자신의 일생을 허비하지 않도록 하기 위해, 목회자들과 상담가들, 기도 사역자들과 축사 사역자들, 학대 받은 경험이 있는 사람들, 그들을 지원해 주는 사람들, 기도팀 멤버들, 평신도 지도자들, 회복 중에 있는 사람들, 그리고 부모들이 모여 그들에 대해 관찰하고 연구하고, 기도함으로써 그들의 일생을 출생에서부터 죽음까지 인도해 줄 수 있는 모델을 개발하였는데, 그것이 바로 "인생모델"이다. 이 책의 배경이 되는 이 이론은 다양한 전통과 신학적인 관점을 가진 국제적인 자문단이 셰퍼드 하우스에 모여 인생에 대한 기독교적 관점을 정립하기 위해 공동 작업함으로써 개발되었다.

인생모델은 이러한 관점들을 통합하여 이해 가능한 모델로 만든 것이다. 이 모델은 어떻게 하면 당신이 속한 단계에서 성숙을 극대화 시키고, 삶을 풍성히 누리지 못하도록 방해하는 요소들을 극소화 시킬 수 있는지 실질적인 방법들을 가르쳐 준다.

인생모델을 기독교적 모델이라고 부를 수 있는 이유는 "구속"과 "성숙"의 개념을 나누어 보는 데에서 알 수 있다. 대부분의 사람들이 우리 모두 성숙함에 이르는 것은 아님을 인정하지만, 어떤 사람들은 순전히 자신의 노력만으로도 완전한 성숙에 도달할 수 있다라고 말한다. 그러나 기독교인들은 "도움이 없이는 불가능하다"라고 말한다. 또 어떤 사람들은 성숙에 도달하기 위해 필요한 모든 것은 이미 각 사람의 내면에 포함되어 있다라고 말한다. 그러나 기독교인들은 "여전히 무언가가 부족하다"라고 말한다. 본래 의도 되었던 풍성한 삶을 경험하기 위해서는 인간과 하나님, 상호 간의 공동의 노력이 필요하다. 하나님은 인간이 감당해야 할 책임의 영역과 하나님이 맡으시는 책임의 영역을 구별하신다. 인간은 성숙의 대해 책임이 있고, 하나님은 구원에 대해 책임이 있으시다.

인생모델은 그저 하나의 이론이 아니다. 이것은 모델이다. 인생모델은 그저 성장에 대해서만 이야기하지 않는다. 어떻게 하면 성숙에 이를 수 있는지 매우 실질적인 방법을 제시해 준다. 인생모델은 단순히 회복만을 장려하는 것이 아니다. 외상을 치료할 수 있는 구체적인 방법들도 제시해 준다. 인생모델은 당신이 변화되고 성장하여 하나님께서 본래 디자인하신 존재가 되도록 도전한다.

인생모델은 이상화된 모델이다. 다시 말하자면, 지상에서 인간이 살아가는 모습을 묘사한 것이라기보다는 인생이 어떠한 모습이어야 한다는 것을 제시한 것이다. 인생모델은 인간이 풍성한 삶을 누리기 위해 다음의 다섯 가지가 필요하다고 본다.

1. 소속된 공동체
2. 생명을 주고받는 일
3. 기능 장애로부터 회복할 수 있는 능력
4. 성숙
5. 자신의 정체성(마음)에 합당한 삶 살기

이 다섯 가지 요소는 우리가 평화로운 가정 안에서 자연적인 혹은 영적인 가족으로서 기쁨과 슬픔을 공유할 때 발달되는 것이다. 인생모델은 우리의 성장과 회복 모두를 포함한다. 육체적인 성장이나 정서적인 성장, 가족의 성장, 공동체의 성장, 혹은 영적인 성장 중 어느 것에 대해 우리가 이야기하더라도 이러한 다섯 가지 요소들은 모두 적용된다. 인간이 강하고 건강하게 성장하기 위해서는 앞에서 소개한 다섯 가지의 요소들이 그 순서대로 필요하다. 뿐만 아니라 거기서 거꾸로 "자신의 정체성에 합당한 삶 살기"로부터 차례로 점검해 나가면, 성장을 멈춘 사람에 대한 탁월한 진단지가 완성될 것이다. 성장에 실패한 원인들을 잘 이해하면 회복의 과정을 더 잘 디자인할 수 있게 된다.

인생모델은 우리가 개인과 가족으로서, 그리고 공동체로서 우리의 정체성을 회복할 수 있는지에 대해 잘 설명해 준다. 그러면 우리는 소위 "예수님이 우리에게 주신 마음"이라고 불리는 완전히 통합된, 그리고 진정한 정체성을 가지고 살아갈 수 있게 된다. 이 진정한 정체성은 개인적일 뿐만 아니라 공동체적이기도 하다. 모든 인간의 우뇌 깊은 곳에는 임신 후 최초 2년 동안 발달되는 통제센터가 있다. 이 센터는 우리의 몸을 포함한 인생 전체를 주관하고, 인생의 폭풍우 가운데서도 우리를 안전하게 인도하는 역할을 한다. 우리는 이 통제센터를 훈련시키고 회복시키고자 노력한다. 이것으로 인해 감정을 잘 다스릴 수 있고, 자기 자신답게 행동할 수 있으며, 내면과 외면을 일치하게 할 수 있다.

통제센터의 네 가지 레벨 사이에 통합을 유지하는 능력을 넘어설 정도로 감정이 요동치게 되면, 외상을 경험하게 된다.

번영한다는 것은 우리가 분노했을 때에도 평안을 되찾고, 기쁨으로 돌아가게 만드는 "기쁨의 결속"(joyful attachment bond)을 통해 강력한 통제센터를 소유하게 되는 것을 말한다.

우리는 나이 많은 사람이나 경험이 많은 사람들이 자신의 성격을 나타내는 것을 보면서, 그것을 나 자신이 소유한 성품들에 반응하고 반영하면서 정체성을 발전시켜 나간다. 정체성은 씨앗에서 자라기보다는 살아 있는 식물로부터 잘라낸 가지처럼 자란다. 앞서 살아간 사람들로부터 전해져 온 생명을 받아 정체성을 확립하는 방식은 정서적, 영적 차원에서 뿐만 아니라 물리적인 차원에서도 그대로 적용된다.

인생모델은 개인과 가족, 교회뿐 아니라 사는 동안 인간이 관여하는 공동체 모두가 온전함에 이르고자 할 때 필요한 심오하고 기독교적인 청사진을 제공해 준다. 인생모델은 상담, 회복, 목양, 기도, 축사, 내적 치유, 자녀 양육, 신체의 건강, 공동체 개발 등 대부분의 사역에 대해 동일한 접근 방법을 가지고 있다. 인생모델은 국제적으로 약물 남용이나 외상 치료 프로그램 혹은 교회 사역에 사용된다. 또 선교단체들은 이 모델을 선교사 자녀들의 회복 프로그램을 위한 모델로 받아들였다. 외상과 학대의 희생자들을 돌보는 주요 사역 단체들은 인생모델을 그들의 가르침의 일부로 받아들였고 널리 퍼뜨렸다. 인생모델의 여러 내용을 활용한 결과, 오늘날 점점 더 많은 관련 책들과 영상들이 제작되고 있으며 여러 학회 및 훈련 프로그램들이 진행되고 있다.

부록 C

인생모델의 신학적 배경

「사람들과 함께 살아가기」(Living With Men, 2003, E. James Wilder)
가이드북에서 수정 발췌한 것임

인생모델은 그 이름이 암시하는 것처럼, 임신된 때로부터 죽음에 이르기까지 한 인간의 인생을 위한 모델이다.

인간의 발달에 대한 연구와 자원들

지금까지 많은 빈틈없는 관찰자들이 어린이의 발달에 대해, 특히 지적발달과 언어발달에 관한 자세한 자료를 제공해 왔고, 지난 몇 해 동안에는 새로운 차원의 관찰이 이루어졌다. 새로운 형태의 두뇌 스캐닝이 이루어지면서 학자들은 두뇌의 실제 활동을 연구할 수 있게 되었고, 언제 어떻게 두뇌 자체가 발달하게 되는지도 발견할 수 있게 되었다. 외과적인 연구는 각각의 두뇌 세포들까지 연구해서, 사람의 얼굴 표정을 읽고 거기에 반응하는 두뇌 세포처럼 세세한 것까지 밝혀내고 있다. 두뇌 발달과 정체성의 성장 사이의 관계에 대해 연구할 때, 다음에 열거된 이론가들이 큰 영향을 미쳤다.

알란 쇼어 박사(Dr. Allan Schore)

UCLA 의대교수인 그는 정체성의 발달과 관련하여 유아의 두뇌 발달에 대해 매우 조심스러우면서도 폭넓은 연구 결과를 발표해왔다. 특별히 그는 "궤도 전전두엽 피질"의 발달에 대해 연구해왔는데, "궤도"라는 이름이 쓰인 이유는 그곳이 안와(eye socket, orbit) 바로 뒤에 위치해 있기 때문이다. 이 부분은 명령 계통의 가장 정점에 위치해 있으면서 몸의 모든 주요 부위, 심지어 면역 체계와도 긴밀하게 연결되어 있다. 이 전전두엽은 몸안과 바깥으로부터 가장 먼저 정보를 받아들이는 부분이다. 쇼어 박사의 연구는 (우리가 "기쁨의 정체성 조절센터"라고 부르는) 두뇌의 이 부분이 어떻게 발달하고 작동하는지를 묘사하는 면에서 가장 주목할 만하다.

쇼어 박사는 성숙도가 발달하는 동안 뇌에 어떠한 변화가 일어나는지 최근의 연구 결과에 대해 가장 기술적으로 탁월한 글을 썼다. 그는 복잡하고 서로 분리되어 있는 영역들을 이해하기 위해 세 가지 학문의 영역에서 발견한 것들과 이론들을 함께 통합하였다.

유대관계의 발달과 감각에 대한 요약

0–1.5개월	미각과 후각, 그리고 온도
1.5–3개월	촉각
3–12개월	시각(얼굴 표정에 나타난 감정)
12–24개월	청각(목소리 톤)

쇼어 박사의 두뇌 모델과 다른 학자들의 모델과의 가장 중요한 차이점은 그의 모델이 위계적이라는 점이다. "쇼어의 우뇌 양 피질변연계 자동 회로"(Shore's Right Brain Dual Corticolimbic-Autonomic Circuits)라고 불리는 표는 두뇌의 감정 조정 센터가 발전해 나아가는 수준을 잘 보여 준다. 하위 수준에서 발생한 문제가 어떻게 상위 수준에 영향을 미치는지에 대해 설명해 주기 때문에, 이러한 위계 질서는 매우 중요하다. 쇼어 박사의 위계적인 3단계 구조는 인생모델에서 사용된 우반구의 4단계 조절 구조의 기초로 쓰였다. 내가 만든 모델 중 위의 세 가지, 전전두엽(prefrontal cortex)(4), 대상엽(cingulate cortex)(3), 그리고 변노체(amygdala)(2)는 모두 쇼어 박사의 이론으로부터 직접 따왔다. (애착과 관련된) 가장 아래 단계는 시겔 박사(Dr. Siegel)의 연구와 아멘 박사의 뇌 스캔이 암시하는 것을 통해 유추하게 되었다. 아멘 박사의 연구는 잠시 후 다시 자세히 논하도록 하겠다.

쇼어 박사의 이론에는, 함께 연결되었을 때 다른 학자들의 이론보다 훨씬 두드러지게 나타나는 세 가지 요소가 있다. 첫째, 두뇌 구조가 개별적이라기보다는 위계적인 방법으로 기능한다고 보는 것이다. 둘째, 그의 모델은 단지 뇌 영역의 기능이나 생물학적 상태뿐 아니라 제한된 시간의 "창문"(windows)에 맞추어 일어나는 뇌 활동의 동기화(synchronization)에 기초하고 있다는 사실이다. 셋째, 쇼어 박사의 뇌 모델은 개인적이면서 동시에 상호적이라는 사실이다. 다시 말해 한 사람이 주체가 되기도 하고, 두 사람 이상이 상호주체가 되기도 한다. 여기에서 유추해 볼 수 있는 것은 작지만 주요한 두뇌의 한 부분은 두뇌 전체에까지 커다란 영향을 미칠 수 있다는 사실이다. 두뇌의 전반적인 기능은 단순히 특정한 부위가 어떠한 역할을 하느냐의 문제가 아니라, 주어진 시간에 여러 부분이 함께 어떠한 일을 하느냐의 문제이다. 또한 우리 두뇌는 우리가 생각하는 것처럼 그렇게 두개골 안에만 갇혀 있는 고립된 기관이 아니라, 주어진 특정한 시간에 다른 이들의 두뇌와 함께 매우 강력하게 생각을 공유하는 기관이라는 사실이 중요하다. 이와 같이 우리의 두뇌는 서로 긴밀하게 연결되어 있어서 인생 전반에 걸쳐 필수적으로 일어나야 하는 개인적이며 상호적인 생각을 각자가 잘 인지할 수 있게 해 준다. 이제 다른 기여자들에 대해 잠시 살펴본 후에 이 문제에 대해 다시 좀 더 논하도록 하겠다.

에릭 에릭슨 박사(Dr. Erik Erikson)

하버드 대학교의 에릭슨 박사는 아동기에서 멈추지 않고, 인생 전반으로 이어지는 인간의 발달 모델을 만들었다는 면에서 매우 이례적이라고 할 수 있다. 에릭슨의 여덟 가지 발달단계는 각각의 발달단계에 대해 매우 적절한 설명을 가능케 해 준다. 그가 비록 두뇌 발달 연구에 참여한 것은 아니었지만, 후대의 연구는 에릭슨의 발달 모델이 두뇌 한 부분의 발달이 다른 부분의 발달로 전환되는 것을 잘 보여 주고 있음을 발견하였다. 첫 단계는 우반구의 발달에 초점을 맞추고, 두 번째는 좌반구의 발달에, 그리고 세 번째는 다시 우반구의 발달에 초점을 맞춘다. 새로운 방법의 개발과 기술의 발전은 그가 관찰한 바와 유아의 두뇌 발달 사이 훨씬 더 큰 상관관계가 있음을 확인해 주었다. 현재까지 축적된 막대한 정보는 특별히 세 명의 연구자, 쇼어 박사, 반 데 콜크 박사, 그리고 시겔 박사의 수고로 수집되고 요약되었다.

베셀 반 데 콜크 박사(Dr. Bessel van der Kolk)

보스톤 의대와 하버드 대학의 베셀 반 데 콜크 박사는 외상과 상실감의 영역에서 심도 있는 연구를 하였다. 반 데 콜크 박사는 초기의 유대관계에 대한 연구를 요약하였고, 거기에 각각 다른 나이에 발생한 초기 외상의 영향에 대해 자신의 고유한 연구 결과를 추가하였다. 이 연구 결과를 통해 우리는 생애 초기의 심리적 상처와 상실이 한 사람의 인생에 얼마나 큰 결핍을 초래하는지를 잘 볼 수 있다. 그는 신경전달물질과 면역체계에 대해서, 그리고 생애 초기의 상실과 외상이 사람의 인생에 미치는 생화학적, 발달적, 그리고 사회적 충격에 대해 자세히 설명한다. 그는 애착과 두뇌 발달에 필수적인 시기가 있음을 강조한다. 초기에 입은 외상은 생애 동안 애착의 감정을 조절하지 못하면 심각한 결과를 초래한다. 그는 초기의 상실에 기인한 주요 신경화학적 불균형과 결핍들에 대해 자세히 묘사한다. 그와 쇼어 박사는 애착과 관련된 다양한 신경생물학적, 생화학적 연구 결과들을 통합하였고, 이 과정에 문제가 생겼을 때 어떤 결과가 발생하게 되는지 설명한다.

다니엘 시겔 박사(Dr. Daniel Siegel)

UCLA 의대의 다니엘 시겔 박사는 애착과 두뇌 발달과 관련한 최고의 통합 치료법에 대한 글을 썼다. 그는 쇼어 박사의 계보를 이은 사람으로서 쇼어 박사의 이론을 확장해 나아갔다. 시겔 박사는 좌반구의 기능과 우반구의 조절중추(control center) 사이의 관계에 대한 연구에서 탁월한 업적을 남겼다. 비록 뇌에 대해 위계적이기보다는 개별적인 접근법을 취했지만, 그는 발달과 기억, 애착 스타일, 그리고 상호 스토리텔링을 기반으로 하여 두뇌의 동기화 과정을 설명하는데 탁월함을 발휘하였다.

※추가 자료

다니엘 아멘 박사(Dr. Daniel Amen)

다니엘 아멘 박사는 8만 명이 넘는 사람들의 두뇌를 스캔하였다. 그는 두뇌가 감정과 성격에 미치는 영향에 대해 관심이 많았다. 그는 정신과 의사이자 핵 의학의 실천자로서 많은 문제들의 배경에 두뇌의 패턴이 공통적으로 작용하고 있다는 것을 발견하였다. 다양한 저작과 강연과 강의들, 그리고 www.brainplace.com은 두뇌 정보에 대한 탁월한 자료들을 제공해 준다. 아멘 박사는 그가 연구한 각각의 뇌 부분에 대한 지식을 바탕으로 다이어트에서부터 두뇌 훈련까지 광범위한 문제들에 대해 구체적인 해결책들을 제안한다. 아멘 박사는 성격장애와 관련된 활동 수준에 대해 분명하면서도 간단히 설명할 수 있는 개별적인 접근법을 보여 준다. 그의 모듈은 쇼어 박사가 그의 이론에서 언급한 두뇌의 영역에 매우 근접해 있다. 아멘 박사의 업적은 실로 탁월하다.

쇼어 박사의 위계적인 모델이 개별적인 모델보다 더 나은 점은, 두뇌의 위계성에 문제가 발생했을 때, 뇌기능이 손상되는 순서와 두뇌의 발달이 일어나는 순서에 대해서 더 나은 설명을 제공한다는 점이다. 예를 들어, 아멘 박사가 지지하는 개별적인 접근법에 의하면, 어떤 부위가 기능을 하고 어떤 부위가 그렇지 못할 때, 기능이 멈춘 부위에 필요한 해결책만을 제시해 줄 수 있다. 반면 쇼어 박사의 위계적인 모델에 의하면 대상피질(cingulate cortex)이 작동하지 않을 때, 안와전두피질(orbitofrontal cortex)에도 곧 장애가 올 것을 예측할 수 있다. 좌우 반구 사이에 동기화(syncronization)가 일어날 것이기 때문이다. 말하자면 적은 비용으로 더 많은 것을 얻어 내기에 좋은 모델이다.

시겔 박사(Dr. Siegel), 안토니오 다마시오 박사(Dr. Antonio Damasio), 빌레이널 라마찬드란 박사(Dr. Vilaynur Ramachandran) 모두 상호연관성에 기초한 두뇌의 모델을 만들었다. 이러한 비선형적인 모델들은 제랄드 에덜만 박사(Dr. Gerald Edelman)가 묘사한 재귀환 회로(reentry circuits)의 활동에 강하게 의존하고 있다. 이것들은 다소 약하지만 위계적인 개념들이다. 그러나 귈리오 토노니 박사(Dr. Guilio Tononi)는 개별적인 두뇌활동 모델을 완전히 배제하고 순간적인 동기화와 뇌의 다섯 가지 화학적 가치체계(five chemical value systems)에 의존하여 두뇌활동을 설명한다. 그 다섯 가지 화학적 가치 시스템은 도파민, 세로토닌, 에피네프린(아드레날린의 동족체-역주), 노르에피네프린, 그리고 아세틸콜린이다. 이러한 가치 체계는 토노니 박사처럼 순간적인 동기화에 크게 의존해 모든 것을 설명하는 쇼어 박사의 위계적인 모델에도 확연하게 나타나 있다.

로날드 루덴 박사(Dr. Ronald A. Ruden)와 「갈망하는 뇌」(Craving Brain)를 쓴 마르시아 바이야릭 박사(Dr. Marcia Byalick), 그리고 「황홀감의 갈망」(Craving for Ecstasy)을 쓴 스텐리 선데월스 박사(Dr. Stanley Sunderwirth)는 모두 중독행위에서 측좌핵(nucleus accumbens)의 중요성에 대해 지적한다. 대뇌기저핵(basal ganglia)에 있는 중피질 쾌락 중추의 이 부위는 쇼어 박사의 모델에 의하면 안와전두피질(orbitofrontal cortex)과 피질하부구조(subcortical structure) 모두에 연결되어 있다. 밀크맨 박사(Dr. Milkman)가 도파민 체계에 주로 관심을 갖는다면, 루덴 박사는 세로토닌과 도파민의 가치체계의 상호 작용에 대해 주로 주목하고, 갈망을 일으키는 노르에피네프린의 자극에도 주목한다. 갈망에 대한 두 권의 책 어느 곳에도 쾌락과 고통을 촉발시키는 애착의 주요 역할에 대해 설명하고 있지 않지만, 쇼어 박사의 이론은 쾌락/포화 체계의 쾌락을 추구하거나 과도한 욕구 추구를 멈추게 하는 기능을 애착의 직접적인 산물로 설명한다. 뇌가 어떻게 자신의 고통에 대해 인식하지 않게 하는지에 대한 시걸 박사의 설명과 더불어 이 작가들은 애착의 실패로 인해 관계에 굶주린 사람들이 얼마나 파괴적인 갈망을 갖게 되는지에 대한 강력한 모델을 제공한다.

발견된 증거들에 의하면 감정을 주관하는 뇌는 내부적으로 다섯 가지 수준으로 나뉘어서 동기화 작업을 진행하는 것으로 보이는데, 다섯 번째와 가장 높은 단계(고통의 수준에 기초하여 수준이 달라지는)를 제외한 모든 수준에서 언제나 우반구에 우선권이 주어지는 것으로 짐작된다. 첫 번째 레벨은 깊은 변연계의 애착 시스템이다. 이 레벨은 내가 무엇 혹은 누구와 개인적인 친밀감을 나누지를 결정한다. 1레벨은 도파민의 가치체계와 강력하게 연관되어 있다. 두 번째 수준은 접근과 회피, 그리고 주는 것과 받는 것을 주관한다. 편도체의 수준에서 작용하는 이 체계는 에피네프린과 노르에피네프린의 가치체계와 연결되어 있다. 이 두 가지 체계를 통해 우리는 경계를 발하고 행동을 취하게 된다. 세 번째 수준의 동기화는 감정의 에너지 레벨과 개인이 서로 교류할 때 실제로 나타나는 대상피질간의 역동과 관련이 있다. 이 수준에서 뇌는 내부적으로 다른 부위와 동기화를 실시하고, 또 타인의 뇌와 외부적으로 동기화 한다. 대상피질은 정보가 입수되고 정리되는 동안 뇌의 다른 반구에서 일어나는 활동들을 동기화시킨다. 이 세 번째 수준은 서로 다른 두 사람의 생각을 한 가지 관점으로 동기화 시킬 수 있다. 이 세 번째 수준은 세로토닌과 사람을 잠잠케 하거나 흥분시키는 노르에피네프린의 가치체계를 동기화시키는 것으로 보인다. 네 번째 수준의 동기화는 관심의 방향과 관련이 있다. 관심은 인간이 다른 이에게 기여할 수 있는 유일한 자원이다. 이 수준의 안와전두피질은 세로토닌을 관장하고, 동시에 도파민이나 에피네프린, 그리고 노르에프네프린의 분비를 조절하는 역할을 한다. 네 번째 수순의 세 사람의 생각과 관점을 동기화 할 수 있다. 다섯 번째 수준의 동기화는 우반구의 경험과 좌반구의 설명을 연결하는 것이다. 이것이 바로 성인애착목록(Adult Attachment Inventory)이나 현재의 삶에 영향을 미치는 과거의 미해결 고통을 밝히는 TheoPhostic 치료에서 사용하는 것이다.

    인생모델에서 제시하는 우반구의 4단계 조절센터는 이러

한 학자들의 연구를 종합한 결과이다. 비록 쇼어 박사가 두뇌의 위계적 구조에 상위 3단계를 분명히 밝혀 놓았지만, 그들 중 어느 누구도 내가 제안하는 4단계 모델에 정확히 동의한다고 볼 수는 없다. 나아가 다섯 가지 가치 아래 구성되고, 제한되며, 위계적으로 동기화 된 뇌에 대한 우리의 생각은 그들 중 어느 누구의 것보다도 탁월하다. 그러나 쇼어 박사와 시걸 박사는, 인간은 개인적이면서도 집단적인 마음을 가지고 있다는 사실과 동기화란 뇌내에서만 일어나는 현상이 아니라 사람들 간에도 분명히 일어나는 현상이라는 사실에 대해 분명히 동의할 것이다.

에릭 에릭슨의 발달 단계

에릭 에릭슨은 인간의 발달을 8단계로 나누고, 각각의 단계마다 위기를 상정한 모델을 개발했다. 그가 이러한 관찰 결과를 내어 놓은 이후, 뇌발달에 대한 추가적인 연구는 이러한 단계 중에도 뇌는 커다란 발달과 변화를 겪는다는 사실을 밝혀냈다. 중요한 변화의 순간을 지날 때 뇌는 새롭게 재구성되어 그 이후에는 완전히 다르게 기능하게 된다는 사실이 현재 이론화 되었다. 과거의 뇌의 도움 없이 새롭게 재구성된 뇌는 비조직화 된 상태를 면할 수 없다. 발달의 단계는 정신적, 사회적일 뿐 아니라 물리적이기도 하다.

에릭슨의 8단계 발달

1. 신뢰감 대 불신감: 0-1세, 나는 있는 그대로의 나다. 유아의 정체성은 그에게 무엇이 주어지고, 어떻게 대우받는지에 따라 결정되고 발달된다.
2. 자부심 대 수치심, 그리고 의심: 1-3세, 나는 내 의지대로 행할 수 있는 존재이다. 유아는 그가 무엇을 할 수 있는지에 기초하여 자신을 규정한다. 흔히 모든 것을 혼자 해 보려고 애쓰는 형태로 나타난다.
3. 주도성 대 죄책감: 3-6세, 나는 상상하는 대로 할 수 있는 존재이다. 어린이는 스스로 상상하고 꿈꾸는 사람이나 사물이 된다. 흉내내는 것과 새로운 것을 시도하기를 좋아한다.
4. 근면성 대 열등감: 6-13세, 나는 배움으로 이루어지는 존재이다. 아직 알지 못하는 것에 대해 배워야만 한다는 사실을 깨닫기 시작한다. 무언가를 추구하며, 모험을 떠나고, 정복하기 시작한다. 꿈이 현실이 된다.
5. 정체감 대 정체감 혼미: 13-19세, 나는 위에 언급한 모든 것이다. 정체성을 이루는 모든 요소가 통합되어야만 이

모든 성품을 고루 갖춘 성인이 된다.
6. 친밀감 대 고립감: 청년, 이제 어떻게 하면 다른 사람들과 조화롭게 지낼 수 있을지를 배워야 한다.
7. 생산성 대 침체성: 성인, 이제 좋은 것들을 제공하는 사람이 되어야 한다는 과제 앞에 서 있다.
8. 통합성 대 절망감: 성숙, 이제 그의 영혼은 능력과 기력을 잃는 때가 오더라도 스스로를 돌보며 영향력을 미칠 줄 알아야 한다.

앞에서 본 바와 같이, 인생모델은 일반적으로 에릭슨의 두 단계를 하나로 묶어 놓은 형태라 볼 수 있다. 거기에는 몇 가지 이유가 있다. 첫째, 우리가 사용하는 구분-유아, 아동, 성인, 부모, 노인-은 대부분의 문화와 언어권에서 일반적으로 쉽게 인식되는 것이다. 둘째, 이러한 구분은 성경에 나오는 것과 일치한다. 셋째, 우리의 구분은 언어와 문화, 성경 말씀에 따라 "젊은"이라는 수식어를 덧붙임으로써, 각 단계의 초반기가 후반기와 다르다는 사실을 알려 차이를 둘 수 있었다. 말하자면, 젊은 성인(young man)은 그냥 성인(man)과 다른 것이다.

예:

단계	인생모델	에릭슨의 발달단계	신경생물학
유아기 단계	영아 0-1세	신뢰감 대 불신감	우반구 성장
	유아 2-3세	자부심 대 수치심	좌반구 성장
	이유기 - 뇌 구조와 정체성의 재구성		
아동기 단계	어린아동 4-6세	주도성 대 죄책감	우뇌 4세에 절정, 좌뇌 6세에 절정
	아동 7-12세	근면성 대 열등감	우뇌 8세에 절정, 좌뇌 12세에 절정
	통과 의례 - 정체성의 재구성		
성인기 단계	청년 13-17세	정체감 대 정체감 혼미	우반구 성장
	성인 18-24세	친밀감 대 고립감	좌반구 성장
	첫자녀의 출산 - 정체성의 재구성과 뇌의 발달		

　　우뇌의 성장기는 새로운 정체성을 확립할 뿐 아니라 관계를 형성하는 최적의 시기이기 때문에 매우 중요하다. 이와 같은 관찰은 감정과 관계, 그리고 관계형성에 미치는 우뇌의 압도적인 영향력에 기초하고 있다. 이 시기는 또한 이미 존재하는 관계형성의 결핍을 치유할 수 있는 설호의 기회이기도 하다. 관계형성과 자기통제, 감정표현을 증진시키고 깨어진 관계의 문제를 해결할 수 있는 최적의 시간은 바로 우뇌가 발달하는 시기이다. 이 기간 동안 우반구는 새로운 경험에 더욱 개방적으로 반응할 수 있다. 이 시기는 또한 정서적 지능이 발달하는 시기이기도

하다. 반대로, 언어적/논리적 발달은 좌반구가 발달하는 시기 동안 가장 잘 수정되고 발달될 수 있다. 좌반구가 발달하는 시기는 자기성찰과 자신의 내면 세계에 대해 다른 이들에게 말하는 법을 배울 수 있는 최적의 시기이기도 하다.

우뇌의 발달 시기

나이	단계	주요 목표
0-2세	초기 유아기	엄마
4세	초기 아동기	아빠
8세	후기 아동기	친구들
15세	초기 성인기	이성친구
첫자녀	초기 부모기	아기

각각의 단계 사이에 나타나는 생각과 신체, 그리고 사회적 발달의 완전한 변이는 내적 시간표에 따라 발달하는 각 개인의 두뇌에 의해 촉발된다는 사실을 주목하는 것이 매우 중요하다. 사람은 착상 후 약 9개월 정도 만에 이루어지는 탄생 때부터 작동하기 시작하는 후로 멈출 수 없는 생물학적 시계에 따라 자라나게 된다. 이것은 각각의 변이가 아이가 잘 돌봄을 받든지 아니면 버려졌든지 상관없이 정해진 시간표에 따라 촉발됨을 의미한다. 그래서 비록 특정한 정체성의 형성에 실패했을지라도, 성장을 향한 움직임은 멈추지 않고 지속된다. 그러한 아동의 생

활력과 성숙의 능력은 그 시점 이후로 현저하게 줄어들게 된다.

하빌 핸드릭슨(Harville Hendricks)과 같은 이는 이와 같이 발달 단계의 어느 한 지점에서 멈추어 버린 성인이 어떤 모습을 띠게 되는지 묘사한 적이 있다. 그는 애정 관계나 배우자 선택에서 이와 같은 성장의 지체가 미치는 영향에 대해 특별히 초점을 맞추었다. 성장에 실패하는 것과 성인의 삶 사이의 연관 관계에 중요성을 눈여겨 보기 바란다. 어떤 발달의 단계를 생략하거나 왜곡하는 것은 그 뒤로 이어지는 모든 단계에 결핍을 야기하게 된다. 우리는 다시 한 번 성숙의 관계에서도 위계적인 모델이 힘을 발휘함을 확인하게 된다. 더 많은 예들과 표들이 이 책에 소개되어 있다.

이와 같은 단계들은 쟝 피아제(Jean Piaget)가 인지 발달을 기준으로 삼거나 콜버그(Kolberg)가 윤리 발달을 기준으로 삼았던 것처럼 각각의 성취와 발달에 따라 더욱 작은 단계들로 나눌 수도 있다. 비록 출생 이전의 단계는 생략했지만, 이 책에 주어진 다섯 단계들은 공동체에서 사용하기에 충분할 만큼 분명하고 실용적이다. 또한 우리는 다른 모든 단계 앞에 한 단계를 더 상정해 볼 수도 있다. 그렇게 출생 이전의 단계까지 포함한다면 인간은 완벽한 여섯 단계를 거쳐 성숙에 이른다고 할 수 있다. 다른 다섯 단계와 마찬가지로, 40주 남짓한 출생 이전의 시기를 더 세분화하여 나누어 볼 수도 있다. 그것에 대해 쓰자면 또 다른 한 권의 책이 될 것이다. 우리는 정말로 신묘막측하게 창조되었기 때문이다.

참고 문헌

Friesen, James G. *More than Survivors: Conversations with Multiple Personality Clients*. Wipe & Stock Publishers: Eugene, OR, 1992, 1997

Friesen, James G. *Uncovering the Mystery of MPD*. Wipf & Stock Publishers : Eugene, OR, 1991, 1997.

Wilder, E. James, Coursey, Christopher M., *Share Immanuel: The Healing Lifestyle*, Shepherd's House, East Peoria, IL, 2010.

Wilder, E. James, Khouri, Edward M., Coursey, Christopher M., Sutton, Shelia D, *Joy Starts Here*, Shepherd's House, East Peoria, IL, 2013.

Wilder, E. James. *The Red Dragon CAst Down*. Chosen Books: Grand Rapids, MI, 1999.

Wilder, E. James. *The complete Guide to Living With Men*. Shepherd's House: Pasadena, CA, 2004

Willard, Dallas. *The Divine Conspiracy: Rediscovering Our Hidden Life in God*. Harper: San Francisco, CA, 1998.

예수님 마음담기

1판 1쇄	2015년 9월 10일
1판 8쇄	2024년 3월 30일
지은이	짐 와일더, 짐 프리슨, 릭 코프키, 메리베스 풀, 앤 비어링
옮긴이	손정훈, 안윤경
발행인	조애신
편집	이소연
디자인	임은미
마케팅	전필영, 권희정
경영지원	전두표
발행처	도서출판 토기장이
주소	서울시 마포구 동교로 71-1 2F
출판등록	1998년 5월 29일 제1998-000070호
전화	02-3143-0400
팩스	0505-300-0646
이메일	tletter77@naver.com
인스타그램	togijangi_books_
ISBN	978-89-7782-335-8

- 이 책은 저작권 법에 따라 보호를 받는 저작물이므로 무단 전재와 무단 복제를 금합니다.
- 이 책의 전부 또는 일부를 이용하려면 반드시 저자와 도서출판 토기장이의 동의를 받아야 합니다.

도서출판 **토기장이**는 생명 있는 책만 만듭니다.
"우리는 진흙이요 주는 토기장이시니 우리는 다 주의 손으로 지으신 것이니이다" (이사야 64:8)